VICIOS
Y
VIRTUDES

ALEJANDRO ORTEGA TRILLO

VICIOS Y VIRTUDES

CONÓCETE CON HONESTIDAD,
ACÉPTATE CON SERENIDAD Y
SUPERA TUS OBSTÁCULOS

DIANA

© 2020, Alejandro Ortega Trillo

Diseño de portada: Estudio la fe ciega / Domingo Martínez
Fotografía del autor: © Studio Venegas
Diseño de interiores: Víctor Santacruz

Derechos reservados

© 2020, Editorial Planeta Mexicana, S.A. de C.V.
Bajo el sello editorial DIANA M.R.
Avenida Presidente Masarik núm. 111,
Piso 2, Polanco V Sección, Miguel Hidalgo
C.P. 11560, Ciudad de México
www.planetadelibros.com.mx

Primera edición en formato epub: agosto de 2020
ISBN: 978-607-07-6899-6

Primera edición impresa en México: agosto de 2020
Primera reimpresión en México: octubre de 2020
ISBN: 978-607-07-6879-8

Impreso en los talleres de Litográfica Ingramex, S.A. de C.V.
Centeno núm. 162-1, colonia Granjas Esmeralda, Ciudad de México
Impreso y hecho en México – *Printed and made in Mexico*

Dedico con profundo amor y gratitud este libro a Dios, por el don de la vida, de la fe, del amor y la amistad que me ha prodigado; a mis padres, Alfredo (†) y Xóchitl, por esmerarse en inculcarnos las más valiosas virtudes personales y familiares; a mis hermanos Alfredo, Luis, Alán y Armando (†), por su indefectible apoyo y afecto; a mis maestros, mentores y formadores, por la profunda huella que han dejado en mí; y a todas las personas que me animan de continuo con sus apreciaciones y comentarios a seguir picando piedra en la severa pero fecunda cantera del apostolado de escribir.

Índice

Conócete

Acéptate

Supérate

Prólogo

¡Un librazo! Así definiría este trabajo del padre Alejandro Ortega, con quien me une una entrañable amistad de años. En el medio artístico he podido percibir lo mejor y lo peor del ser humano. Quizá por ser artistas, captamos más fácilmente la hermosura de una sonrisa, de una mirada, de una caricia; pero también el drama de una vida rota, la oscuridad de una mentira, el dolor de una traición y la amargura de un olvido.

Ya de entrada, el título *Vicios y virtudes* me pareció muy sugestivo, pues retrata bien la realidad humana: nuestras luces y sombras, nuestras victorias y caídas, nuestras luchas de cada día. Como bien dice el padre, todos estamos hechos de la misma pasta, del mismo barro. Su tono realista y ameno se aleja de las arengas moralistas, con un toque de humor en muchos casos. Es casi imposible no verse retratado en estas páginas; pero no amonestado, sino motivado a crecer, a mejorar, a buscar la alegría de la vida en la virtud, sobre todo si hemos ya experimentado el engaño de algún vicio.

Hace casi veinte años mi vida dio un giro. Encontré en Dios el sentido más luminoso y profundo de todo lo que hago. Para nadie es novedad que en todos mis conciertos le dedico una canción en especial a Él, que me inspira, me enseña, me anima y me espera al final del camino. También mi vida, como la de cualquiera, es una batalla continua que no excluye las heridas. *Vicios y virtudes* ha sido un libro de cabecera, que he leído y releído buscando sacarle todo el jugo a sus reflexiones y sabios consejos. No me extraña el éxito que el libro ha tenido no solo en México, sino también en otros países, y cómo ha sido útil tanto a los jóvenes como a quienes vamos más adelantados en la vida.

¡Enhorabuena, padre Alejandro, por este gran libro! Dios quiera que siga haciendo mucho bien a quienes tengan la fortuna de leerlo. Y que Él mismo bendiga tu trabajo para que continúes aportándonos buenas ideas y motivaciones en nuestro caminar de cada día.

Emmanuel Acha
Agosto de 2020

Introducción

Debo a Aleksandr Solzhenitsyn una de las intuiciones más certeras que conozco sobre el ser humano. El escritor ruso cautivo en el archipiélago Gulag cuenta en sus memorias cómo un día, tras recibir una golpiza, tuvo un delirio de venganza. Imaginó que los papeles se invertían; que sus verdugos eran los presos y él, el verdugo. Sintió cómo una corriente de crueldad manaba en su interior a borbotones, mientras castigaba a sus enemigos con extrema saña. Entonces recapacitó y cayó en la cuenta de una tremenda e inquietante realidad: la línea divisoria entre el bien y el mal no separa al mundo en «buenos» y «malos», sino que atraviesa de punta a punta cada corazón humano.

El corazón humano es un amasijo de incoherencias y contradicciones. La Biblia lo describe con dureza: «El corazón es lo más retorcido; no tiene arreglo: ¿quién lo conoce?».[1] De hecho, el órgano físico parece una metáfora perfecta de lo que ocurre en el plano moral y espiritual: la sístole y la diástole —la contracción y la relajación—, como movimientos contrapuestos y normales de su funcionamiento, evocan la alternancia de nuestros momentos de grandeza y de miseria, de fortaleza y debilidad, de bondad y de rabia, de mezquindad y generosidad. La viñeta del niño con un ángel y un demonio en cada hombro susurrándole al oído conductas opuestas es terriblemente verídica. San Pablo gemía amargamente por la encarnizada lucha en su interior entre el «hombre viejo» y «el hombre nuevo», entre las tendencias de la carne y las del espíritu.

Tal vez por eso, una vez más dice la Biblia: «La vida es una batalla».[2] Desde que nacemos, una fuerza misteriosa nos inclina al mal y nos reta a luchar si queremos ser virtuosos. Y cuando al fin llega algo de paz, rápido se evapora; tan pronto como se asoma la primera tentación o el primer amago de ira o impaciencia. El día de la paz completa, de la serenidad total, del dominio armonioso de todo nuestro ser parece no llegar en esta vida. Las malas tendencias ahí siguen, bien armadas y dispuestas a dar la batalla cada día.

Este libro quiere ser realista. Por eso, más que erradicar las malas tendencias, sugiere cómo aprovecharlas. Nuestro *crecimiento interior* depende, en buena medida, del arte de aprovechar las malas inclinaciones, faltas y caídas para forjar virtudes. De esta manera, la lucha cotidiana entre vicios y virtudes que se libra en nuestro corazón es compatible con una cierta paz interior: *la paz de estar luchando*.

El libro se articula en tres momentos: conócete, acéptate, supérate. La razón es obvia: quien no se conoce a sí mismo vive en la ilusión; quien no se acepta, en la desilusión; quien no se supera, en el conformismo.

En cierta ocasión se interrogó a Tales de Mileto sobre cuál era la tarea más difícil para el ser humano. El filósofo griego respondió sin vacilar: «Conocerse a sí mismo». Conocerse requiere altas dosis de introspección, objetividad y valentía. Se ha dicho con razón que cada persona tiene cuatro caras o versiones: lo que ella y los demás saben: su cara pública; lo que ella sabe y los demás no: su cara privada; lo que los demás saben y ella no: su cara oculta, y lo que ni ella ni los demás saben, sino solo Dios: su cara desconocida, porque está escondida en el misterio de su persona.

Si para conocerse hace falta introspección, para aceptarse hace falta humildad. Y solo ella es una base firme para construir una personalidad recia y madura. Quien no acepte consciente y serenamente lo que es —¡y lo que *no* es!— se perderá en un laberinto de lamentaciones estériles.

Aceptarse no es resignarse. Aceptarse significa reconocer las deficiencias para mejorarlas y las fortalezas para potenciarlas. En lo bueno, ser más bueno, y en lo malo, ser —al menos— menos malo.

Mejorar o *ser más* como persona no significa *parecer más* —sería un ser inauténtico—. De hecho, ser más supondrá, en muchos casos, *parecer menos*: ser más humilde, más consciente de los límites, más realista. No es casualidad que los más grandes hombres y mujeres de la historia hayan sido profundamente humildes, como Gandhi o la Madre Teresa de Calcuta.

Superarse siempre entraña un gozo. Nuestra naturaleza, aunque herida por malas inclinaciones, no deja de exigir que tendamos al bien. Por eso, cuando crecemos y nos superamos sentimos la alegría de un deber cumplido. El escritor Norman K. Mailer intuyó una ley de vida, cruel y exacta, que afirma que uno debe crecer o, en caso contrario, pagar más por seguir siendo el mismo. En otras palabras, estancarse en el progreso moral sale caro en términos de *capital vital*.

El camino de la superación exige objetivos y metas, lo que solemos llamar «buenos propósitos». Pero pocas realidades hay tan volátiles como esta, tan sujeta a variables caprichosas como son nuestra atención, motivación, humor, entorno favorable, etc. Basta a veces un dolor de cabeza para que nuestros «buenos propósitos» pierdan claridad y consistencia. De ahí la importancia de un buen programa de vida, escueto pero incisivo, que nos mantenga en la línea de lo que buscamos. Y también la necesidad de una «ayuda de lo alto»; es decir, el apoyo de Aquel en quien nos sentimos fuertes, acompañados, comprendidos y tantas veces sanados y consolados.

Este libro habrá cumplido su objetivo si resulta ser una herramienta eficaz para conocernos con sinceridad, aceptarnos con serenidad y superarnos con paciencia, realismo y tenacidad; si nos ayuda a emprender, quizá desde nuevas premisas y fundamentos, esa aventura cotidiana y vertiginosa que es vivir nuestra condición humana.

CONÓCETE

① Hábitos morales

Tu verdadera talla humana

Qué es un hábito

Se ha dicho que el ser humano es la suma de sus hábitos. Un hábito es un comportamiento arraigado en nuestra personalidad mediante la repetición de actos. Para Aristóteles, nuestros hábitos son como una segunda naturaleza. De acuerdo con el doctor Jim Loehr y el periodista Tony Schwartz, hasta 90% de nuestros actos cotidianos suele ser habitual; es decir, los realizamos con «piloto automático». Bañarse y vestirse, prepararse un café, conducir hacia la escuela o el trabajo son hábitos que no requieren de nosotros más que una atención «virtual». Y qué bueno que es así. Nuestro día sería mucho más pesado si cada cosa que hacemos nos exigiera una concentración total.

> Los hábitos nos permiten afrontar la vida diaria
> con más precisión, agilidad y facilidad.

Ahora bien, el hecho de que los hábitos nos exijan poca atención los vuelve peligrosos. Quizá sin darnos cuenta podemos formar hábitos dañinos, incluso monstruosos. Por eso necesitamos vigilarlos para reforzar los buenos y eliminar o, por lo menos, controlar los malos.

Tipos de hábitos

A medida que avanzamos en la vida, vamos formando hábitos en diferentes niveles o estratos de nuestro ser. Así, por ejemplo, nuestros *hábitos corporales* tienen que ver con las posturas que solemos adoptar al estar de pie, caminar, sentarnos o dormir. Aunque estos quizá no tengan más que una importancia ortopédica, otros hábitos, como nuestros gestos faciales, ¡vaya que son relevantes! Se suele decir que nadie es responsable de la belleza de su rostro, pero sí de sus arrugas. Una mirada serena y un gesto amable suelen invitar al acercamiento, el intercambio, el afecto; por el contrario, los ceños fruncidos y adustos suelen repeler y atemorizar.

Todos desarrollamos un buen repertorio de *hábitos mentales*, como son nuestra capacidad de análisis, síntesis, abstracción, intuición, invención, etc. Tales hábitos nos permiten asimilar, procesar, crear y expresar ideas, conceptos y argumentos con mayor fluidez, profundidad, exactitud, originalidad, etc. Cuanto más desarrollamos estos hábitos, más crecemos en madurez intelectual.

La psicología actual está prestando cada vez más importancia a lo que pudiéramos llamar *hábitos emocionales*. Se habla, con razón, de lo relevante que es manejar adecuadamente nuestras emociones a través de actitudes y comportamientos estables como la apertura, flexibilidad, validación, resiliencia, motivación, empatía, agilidad emocional, etcétera.

En este libro estudiaremos una dimensión aún más profunda y determinante: la de los *hábitos morales*. El adjetivo *moral* significa que estos hábitos tocan nuestra esencia como personas humanas. La moralidad consiste en nuestra posibilidad de *ser más* —pero también de *ser menos*— «humanos». A diferencia de las cosas y los animales, cuya esencia es la que es y no admite crecimiento o decrecimiento, el humano es el único ser cuya esencia es abierta, variable; es decir, puede crecer, pero también disminuir. «Un tigre jamás podrá "destigrarse"», decía el filósofo español José Ortega y Gasset; «solo el hombre tiene la terrible posibilidad de deshumanizarse».

Hábitos morales buenos y malos

Los vicios y las virtudes son, precisamente, hábitos morales. La virtud es un hábito moral bueno; el vicio, un hábito moral malo. La virtud incrementa nuestra estatura humana; el vicio la disminuye. Nuestra vida moral —es decir, el conjunto de nuestros vicios y virtudes— da fe de nuestra talla personal, de nuestra verdadera estatura humana.

> **En nuestros vicios y virtudes nos jugamos nuestra talla personal y, por si fuera poco, nuestra manera más segura y auténtica de ser felices.**

En lenguaje coloquial, cuando hablamos de una persona virtuosa, solemos hablar de un «gran hombre» o de una «gran mujer». Esta grandeza no es más que el reconocimiento de su talla moral. En cambio, cuando hablamos de una persona que daña, que lastima, que hiere o mata a los demás, decimos: «¡Qué inhumano!»; no porque no sea una persona humana, sino porque su estatura moral es muy deficiente.

Cuando hablamos de «vicios», por tanto, no nos referimos a ciertos pasatiempos o actividades que nos apasionan. Un vicio es mucho más que fumar, leer con pasión o ser fanático del futbol. Los verdaderos vicios y virtudes tocan nuestra esencia más profunda; por eso, bien vale la pena prestarles la máxima atención.

2

Diseñados para amar

La paradoja de la felicidad

El diseño inteligente

La ciencia más avanzada muestra que la lenta evolución del cosmos hasta la aparición de la humanidad sobre la Tierra obedece a un *diseño inteligente*. La Inteligencia Creadora todo lo dispuso para que el universo fuera el hogar de una criatura privilegiada. ¿Cómo no pensar que esa criatura fuera también fruto de un alto diseño?

Como es evidente, en un buen diseño nada es casual. Cuando se diseña un mueble o una herramienta o cualquier otro objeto de uso práctico, todo mira a su finalidad y funcionamiento, subordinando incluso lo estético a lo útil. El «diseño» del ser humano armoniza genialmente ambos aspectos. Cada uno de sus «componentes», cada uno de sus órganos y miembros habla de una «teleología» —como dicen los filósofos—, de un «para qué», el cual constituye la finalidad de toda la persona. Más allá de la mera supervivencia individual, ella percibe como aspiración más profunda de su ser un particular llamado a vivir para *el amor*. No es casualidad que sus ojos cautiven otros ojos y se enamoren; que sus manos puedan acariciar, sostener, ayudar y estrechar otras manos; que sus brazos ofrezcan un refugio y ternura inigualables; que incluso su temperatura corporal invite al afecto y la intimidad.

A estas cualidades exteriores habría que añadir el finísimo y poderoso instrumental interior (percepción, emotividad, afectividad, inteligencia y voluntad) que el ser humano posee para intuir, acoger y corresponder el amor, tanto en sus frenéticos impulsos como en sus vibraciones más sutiles.

El instinto de la felicidad

Nuestro diseño no termina ahí. La voluntad humana tiende, como por instinto, hacia el bien y la felicidad. Este *instinto de la felicidad* es el trasfondo de todos sus actos. El santo y el malvado buscan, en el fondo, lo mismo, pero por sendas y con resultados muy diferentes.

No es fácil definir la felicidad, pero podemos acercarnos a su significado mediante experiencias concretas. Entre ellas destaca el gozo que sentimos ante una aspiración o una meta lograda; y cuanto más alta y codiciada sea esta, tanto más intensa y profunda es la felicidad.

Como se desprende de su diseño, la aspiración más grande, alta y arraigada del ser humano es *dar y recibir amor*. El amor es su fuente más genuina de felicidad. Y toda persona, quizá sin saberlo, es lo que en definitiva busca.

....

**La aspiración más grande, profunda y arraigada
del ser humano es *dar y recibir amor*.**

....

La felicidad no está fuera de nosotros; no viene de la fama, ni de nuestras posesiones, ni del desenfreno, ni de ciertos logros exteriores. Muchos ya intentaron esos caminos, y acabaron mal; viviendo para sí mismos, su vida perdió todo sentido. Recuerdo a un señor en sus cuarenta que vino a verme en medio de una dura depresión. Era un comerciante exitoso que importaba mercancías asiáticas para colocarlas en las grandes cadenas comerciales de México. Se había divorciado hacía 10 años, dejando a su esposa con tres hijos. Y aunque nunca dejó de proveerlos financieramente, casi nunca los veía. Viviendo solo y holgado, había explorado todos los placeres, y ahora se sentía más vacío que nunca. Cuando terminó de hablar, me vino de manera espontánea hacerle una sola pregunta: «Tú, ¿para quién vives?». El señor se quebró, se llevó las manos a la cara y dijo entre sollozos: «¡Caray, yo no vivo para nadie!».

Amar y ser feliz

Nuestra felicidad se halla más cerca de lo que parece. Está en *vivir nuestra capacidad de dar y recibir amor;* y en obedecer una regla muy sencilla, pero fundamental: nunca busques la felicidad *por sí misma,* porque no se deja atrapar.

En cierta ocasión escuché una comparación que me ayudó a comprender mejor esta regla. La felicidad es como la cola de un perro. Si este intenta alcanzarla, solamente dará vueltas y vueltas sobre sí mismo. Si, en cambio, la olvida para responder al llamado de su amo, la felicidad lo seguirá a todas partes. Es otra manera de comprender la bien conocida paradoja evangélica: «El que busque su vida, la perderá, pero el que la pierda por mí, la encontrará».[3]

Fuimos diseñados para la felicidad mediante la experiencia del amor. Este nos revela nuestra verdadera vocación: aquello para lo que fuimos creados. Así pues, solo el que ama sabe vivir y ser feliz.

El amor es la más alta sabiduría.

3

El egoísmo

Viviendo con el enemigo

Nuestro peor enemigo

La vida nunca ha sido fácil. Hay días en los que todo sale mal: el agua de la regadera está helada; los niños, insoportables; el tráfico, espantoso; las noticias, pésimas, y una oscura nube de mal humor llena el horizonte.

Pero nada de todo esto nos hace sufrir más que nuestro propio ego. Un empresario colombiano solía decir que «el ego es como la velocidad: agrava cualquier accidente».[4] Cuando nuestro ego anda crecido, las contrariedades normales de la vida nos alteran y roban más concentración, tiempo y energía de los verdaderamente necesarios para resolverlas.

La palabra *ego*, procedente del latín, significa simplemente *yo*. La traducción literal de *egoísmo* sería *yoísmo*: una desmedida y mal enfocada pretensión de magnificar y complacer nuestro propio yo, normalmente a expensas de los demás y, paradójicamente, de nosotros mismos.

Un amor propio desordenado

El egoísmo es el *amor desordenado de nosotros mismos*. Evidentemente, podemos y debemos amarnos a nosotros mismos, reconociendo, valorando y haciendo rendir nuestros dones, cualidades y capacidades. Es el mensaje de la conocida parábola de los talentos: el que recibió un talento lo escondió y lo devolvió íntegro a su amo. No lo perdió ni lo malgastó, simplemente no lo hizo rendir, y por eso fue reprobado.[5]

¿Por qué somos egoístas?

Según la Biblia, todos los males de la humanidad proceden del pecado original que cometieron Adán y Eva. También el egoísmo forma parte de esa triste herencia que ejerce un pernicioso influjo en nuestra vida desde la cuna hasta la tumba. Es cierto que solo conocemos la realidad del pecado original por la revelación bíblica, pero no hace falta acudir a la Biblia para verificar sus efectos. Desde nuestra más tierna infancia, y mucho antes de cualquier aprendizaje formal, asumimos posturas egoístas: berrinches, manías posesivas y conductas antisociales, entre otras.

El egoísmo se opone, en realidad, a nuestra tendencia más *natural*. Como fuimos *diseñados para amar*, nuestra esencia más profunda es *alocéntrica*, es decir, se orienta a los demás. Algunos afirman que para amar a los demás primero debemos amarnos a nosotros mismos. El problema es que solo podemos valorarnos y amarnos a nosotros mismos cuando vivimos la experiencia del amor; es decir, cuando el *amor de los demás y a los demás* le permite a nuestro corazón descubrirse a sí mismo como en un espejo. Como afirmaba el filósofo personalista Karol Wojtyła: «El hombre no puede vivir sin amor. Él permanece para sí mismo un ser incomprensible, su vida está privada de sentido si no se le revela el amor, si no se encuentra con el amor, si no lo experimenta y lo hace propio, si no participa en él vivamente».[6]

> **Solo podemos amarnos a nosotros mismos en la medida en que nos descubramos capaces de amar a los demás.**

Todos somos egoístas

Las personas egoístas nos indignan, nos hacen sufrir, incluso nos enferman. Pero, como le pasó al rey David, tarde o temprano alguien viene a abrirnos los ojos para hacernos ver que esa persona terriblemente egoísta que tanto daño hace a los demás es cada uno de nosotros: «¡Tú eres esa persona!».[7]

Sí, tú y yo y todos los seres humanos somos egoístas. Todos llevamos esa deformación del corazón. ¿Quién, viendo su propia monstruosidad, no se ha asustado de sí mismo? ¿Quién no ha cometido alguna barbaridad en su vida, quizá arrastrado por una pasión momentánea? ¿Quién no ha tenido que llorar algún error, ya sin remedio?

> **El egoísmo es un intruso que nos acompaña y hace sufrir toda la vida.**

El obispo estadounidense Fulton Sheen, famoso en los años cincuenta por su programa televisivo *Life is Worth Living* (La vida es digna de vivirse), fue invitado a dirigir un retiro espiritual en un reclusorio de máxima seguridad. El célebre predicador no se sentía ciertamente en su ambiente. ¿Cómo dirigirse a ese grupo de presidiarios cuyo recluso más inocente cargaba cinco homicidios a la espalda? Pero pronto se dio cuenta de que no sería tan difícil. Comenzó diciéndoles: «La única diferencia en realidad entre ustedes y yo es que a ustedes los capturaron y a mí no».

Un mal inextirpable

El egoísmo es el «tronco común» de todos los vicios. Un vicio —lo hemos dicho ya— es un hábito moral malo: un comportamiento arraigado en nuestro ser que hace daño al que lo lleva y lastima a los demás. Como las ramas parásitas de un árbol, los vicios sustraen la savia del alma, secan el corazón, plagan los mejores frutos y las aspiraciones más nobles.

Por desgracia, el egoísmo es inextirpable. La parábola del trigo y la cizaña[8] describe nuestra situación con tremendo realismo. Cuando los siervos preguntan al amo si deben arrancarla, la respuesta es «no». «No sea que, al recoger la cizaña, arranquéis a la vez el trigo». Es decir, junto a toda cizaña suele haber trigo bueno, y tal vez no solo *a pesar* de la cizaña, sino también *gracias* a ella. Al menos es lo que ocurre con nuestro egoísmo: junto al mal en nuestra vida puede siempre despuntar algún bien.

Con todo, el egoísmo hay que combatirlo y controlarlo. Y el primer paso es conocerlo mejor: desenmascararlo, medirlo, captar sus expresiones, incluso prever sus manifestaciones, de manera que no nos sorprenda en un momento de descuido o debilidad.

El egoísmo no debe inhibirnos o amedrentarnos. Por monstruoso que parezca, siempre será manejable si lo enfrentamos con inteligencia, confianza y decisión. Más aún, nuestra lucha diaria contra el egoísmo —parafraseando cuanto enseña el profesor Santiago Álvarez de Mon sobre la adversidad—[9] puede despertar mecanismos y recursos insospechados de nuestra personalidad que, de otra manera, quedarían atrofiados. De hecho, el egoísmo puede llegar a ser nuestro mejor *sparring*.[10]

4

La sensualidad
y la soberbia

El desequilibrio original

De la unidad a la división

Nuestra constitución humana es compleja. Alma y cuerpo, genética y educación, temperamento y experiencia, naturaleza y gracia, todo contribuye a que cada uno de nosotros sea único, irrepetible y, en cierto modo, impredecible.

Como vimos en el capítulo anterior, el pecado introdujo el desorden en nuestra personalidad, transformando la armonía original en desequilibrio y tensión. Y el amor, ese ímpetu espontáneo de nuestro corazón, quedó herido y contrastado por una nueva fuerza de signo contrario: el egoísmo.

Muy pronto, este produjo su primer y más amargo fruto: la división —lo opuesto a la unidad, la armonía, la cohesión y la paz— en nuestras cuatro relaciones fundamentales: con Dios, con los demás, con nosotros mismos y con la creación. Es muy significativo el hecho de que inmediatamente después de la rebeldía de Adán y Eva contra Dios, en la primera generación humana, se dé el primer homicidio de la historia: Caín mata a su hermano Abel. A partir de entonces, una corriente incontenible de depravación moral cunde por toda la Tierra, hasta el día en que la creación misma muestra su propia rebeldía en la forma de un diluvio universal.

La lucha interior

Por lo que ve a nuestra persona, la división interior rompió la armonía entre el alma y el cuerpo, que todos sufrimos. El arte y la literatura han pintado con lujo de detalles esa lucha sin tregua cuyo escenario, encarnizado y bañado en sangre, es el corazón humano. El alma y el cuerpo no solo quedaron desarticulados, sino también heridos por el egoísmo. La herida del cuerpo la llamamos sensualidad; la del alma, soberbia. La sensualidad y la soberbia son las pasiones «de base» que están en el origen de prácticamente todos nuestros vicios. La lujuria es quizá el vicio más conocido de la sensualidad, mientras que el orgullo lo es de la soberbia. Ahora bien, dada la unidad de la persona humana, no deja de haber una cierta correlación entre nuestras pasiones corporales y espirituales. Bien lo decía san Agustín con una de sus brillantes expresiones: «La lujuria es la soberbia del cuerpo; mientras que la soberbia es la lujuria del alma».

....

Por efecto del pecado, cuerpo y alma quedaron no solo desarticulados, sino también heridos por el egoísmo. El cuerpo se enfermó de sensualidad; y el alma, de soberbia.

....

San Pablo, por su parte, se expresaba amargamente del drama de su propia lucha interior: «Me complazco en la ley de Dios según el hombre interior», escribía en su carta a los romanos, «pero advierto otra ley en mis miembros que lucha contra la ley de mi razón y me esclaviza a la ley del pecado que está en mis miembros. ¡Pobre de mí! ¿Quién me librará de este cuerpo que me lleva a la muerte?».[11]

¿Qué son las pasiones?

La palabra *pasión* procede del verbo latino *patior*, que significa padecer, sufrir. Las pasiones son inclinaciones o tendencias espontáneas, a veces muy intensas. Casi siempre, las pasiones se despiertan respondiendo a un estímulo que incide en nuestra sensibilidad, emotividad o, incluso, nuestra inteligencia.

....

**En sí mismas, las pasiones no son buenas ni malas.
Todo depende de qué hagamos con ellas.**

....

Hay personas muy pasionales que saben aprovechar esas fuerzas con tal eficacia que alcanzan objetivos extraordinarios. Hace algunos años, una película puso de nuevo bajo la mirada mundial la ya célebre figura del expresidente de Sudáfrica, Nelson Mandela. Su tenacidad y buen sentido marcaron el antes y el después en la historia de aquel país, tan lastimado por la política racial del *apartheid*. La dura historia de Mandela —pasó 27 años en la cárcel por su oposición al régimen— y su posterior éxito político fueron el fruto de una tenaz pasión por la justicia y la igualdad; todo ello encauzado hacia un objetivo de gran trascendencia para su pueblo. Con buena razón, recibió el Premio Nobel de la Paz en 1993.

Las pasiones desordenadas

Ahora bien, la sensualidad y la soberbia no son pasiones neutras, sino que, de suyo, nos inclinan al mal. No podemos hablar de una «sana sensualidad» o una «legítima soberbia». Ambas pasiones son desordenadas, nos hacen sufrir y, si las consentimos, nos dañan a nosotros mismos y a los demás.

Por su carácter emotivo, las pasiones suelen ser pasajeras. Desafortunadamente, con frecuencia sucede que no se retiran sin dejar daños: una ofensa, una caída, un desencuentro, etc. Recuerdo a una mujer que vino a verme porque no sabía cómo reparar una gravísima ofensa verbal a su esposo. Sentía que, después de aquel triste incidente, ya nada sería igual. Y quizá tenía razón.

La sensualidad y la soberbia son pasiones «genéricas». De ellas brotan, como las ramas de un tronco, pasiones más específicas que, si se consienten e incorporan a nuestro comportamiento habitual, se convierten en vicios o defectos morales.

La sensualidad da lugar a la pereza, la inmoderación, la lujuria, el afán excesivo de comodidad y la avaricia. La soberbia, por su parte, deriva en orgullo, vanidad, autosuficiencia, susceptibilidad y rebeldía. Cada uno de estos vicios será objeto de un capítulo en este libro.

El defecto dominante

Evidentemente, todos padecemos en cierta medida cada uno de estos vicios. Sin embargo, cada persona suele padecer una tendencia más pronunciada hacia una de las dos grandes ramas —la sensualidad o la soberbia— y, dentro de estas, hacia algún vicio en específico, que constituye su defecto dominante.

En mis conferencias, a veces lanzo esta pregunta: «Puestos a escoger, ¿qué rama preferirían: la sensualidad o la soberbia?». Muchos prefieren los vicios de la sensualidad pues, al ser corporales, suelen ser más constatables y fáciles de combatir. Los vicios de la soberbia, en cambio, por su carácter espiritual, son más sutiles, a veces casi imperceptibles y, por lo mismo, difíciles de detectar y combatir.

En la vida real, nadie *escoge* sus pasiones. Dejarían de ser eso, «pasiones», que brotan espontáneas según nuestro temperamento y predisposición personales. Lo que nos corresponde, más bien, es *descubrir* qué pasiones predominan en nuestro perfil y, en particular, cuál es la *pasión* o el *defecto dominante* que más nos aqueja, para combatirlo con estrategia y decisión.

El árbol de los vicios

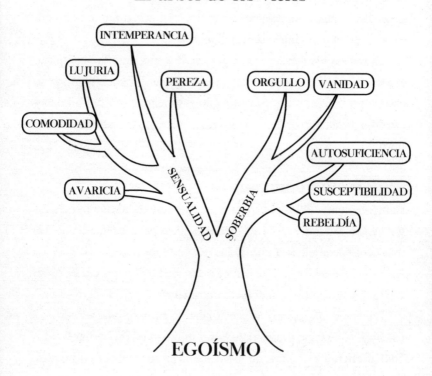

La pereza

Una vida a medias

Qué es la pereza

La pereza es un gusano que perfora la vida. Es el primer retoño de la sensualidad. El diccionario la define como desidia, tedio o negligencia en las cosas que uno está obligado a hacer. Y también como flojera, morosidad o descuido en las acciones o los movimientos. El lenguaje popular le ha dado otros tantos nombres —algunos bastante expresivos, por cierto—. Sin duda, se trata de un vicio bien conocido.

> La pereza es una opción de vida. Nadie
> es arrastrado contra su voluntad.

Aunque no lo parezca, la pereza es una opción de vida. Igual que se elige un objeto de placer, se elige también una conducta indolente, apática o negligente. Nadie es arrastrado contra su voluntad. Los hay perezosos toscos y groseros, que transpiran pereza en todo lo que hacen o, más bien, dejan de hacer. Otros son más finos, incluso sofisticados; practican su pereza de un modo socialmente aceptable.

Tipos de pereza

La *pereza minimalista* es la que nos hace regirnos por la ley del mínimo esfuerzo. Todo lo que sale de nuestras manos —un producto, un servicio o lo que sea— podría ser más completo, de mayor calidad, mejor acabado, pero no lo es. Esto de los acabados siempre me ha llamado la atención. He tenido la fortuna de vivir en varios países y de conocer muchas ciudades. Casi sin pretenderlo, me fijo invariablemente en los acabados de las aceras y, en general, en la última mano de los bordes que dividen las vialidades. Las diferencias son notorias de una ciudad a otra y, más todavía, de un país a otro. Se trata, en esencia, de los mismos materiales, los mismos diseños y las mismas obras, pero ¡el acabado es tan diferente! ¿Cuestión de supervisión? Tal vez. Para mí, cuestión de actitud y laboriosidad. Tristemente, la pereza llega a ser colectiva y hasta cultural, marcando con su sello el modo de ser y de actuar de poblaciones enteras, que es el sello del conformismo y del descuido.

Un segundo tipo de pereza es *el desorden*, el desbarajuste. Siempre me pregunté de niño qué quería decir mi mamá cuando, al entrar a nuestra recámara, gritaba desesperada: «¡Esto es un chiquero!». Y nos obligaba a ordenarla. De grande vine a saber que significa pocilga, corral de cerdos. ¡No era para tanto, mamá, pero gracias por la exigencia! Evitaste que el desorden se nos hiciese adictivo, como cualquier otro vicio. La pereza puede hacernos pensar que el orden es propio de personas obsesivas, y nosotros no queremos ser así.

Nuestra mesa de trabajo, recámara, oficina, incluso nuestro tiempo y actividades, todo queda sujeto al desorden y, en definitiva, al azar caprichoso de una personalidad sin estructura.

La *pereza selectiva* es muy curiosa. No es una pereza generalizada, sino que se concentra en ciertas áreas. Así, por ejemplo, podemos ser muy trabajadores, pero renuentes para el ejercicio físico. Otras veces padecemos pereza mental: somos ágiles para ejecutar órdenes, pero desidiosos para pensar por nosotros mismos. También existe la pereza o acedia espiritual, que es una actitud de negligencia y languidez para la práctica religiosa, la oración o cualquier ejercicio de piedad.

Quizá el caso más triste es la *pereza inactiva*, cuando nos gana un afán insaciable de descansar. Perdemos la noción del tiempo y nuestra vida discurre monótona y aburrida.

La inactividad carcome como un cáncer nuestras mejores capacidades. «Los días pueden ser iguales para un reloj, pero no para un hombre», decía el escritor francés Marcel Proust. Si cedemos habitualmente a la pereza, lo más probable es que, al final de una vida de 70, 80 o más años, nos sorprendamos de los pocos frutos y obras, que bien corresponderían a una vida de 40 años o menos.

**«Los días pueden ser iguales para un reloj,
pero no para un hombre».
Marcel Proust**

Los daños colaterales de la pereza

En el glosario de la pereza no existe la palabra *servir*. Porque para servir, tenemos que arrancarnos la pereza. La pereza es, casi por definición, una actitud antiservicio. De este modo, perdemos la suprema posibilidad del ser humano sobre la tierra, que es la de amar sirviendo. Las consecuencias de una actitud así, sobre todo en el matrimonio y la familia, son devastadoras.

Recuerdo a un señor casado por 20 años con una extraordinaria mujer, pero desordenada como pocas. Me aseguraba que su matrimonio sería «perfecto» si ella fuera un poquito más ordenada. Pero estaba ya agotado de hacérselo ver, y la relación se había desgastado. El desorden de ella se traducía en pleitos constantes. No tuve más remedio que invitarlo a resignarse por el bien de la paz. Su caso me llevó a una triste conclusión: casi siempre, donde vive un perezoso, vive un cónyuge frustrado.

¿Perezoso yo...?

Te invito a reflexionar y a sincerarte con cada una de estas preguntas:

¿Uso mi tiempo de manera desordenada?

¿Dejo con facilidad pendientes «para mañana»?

¿Hay caos en mi escritorio, mesa de trabajo, cajones, artículos de aseo personal?

¿Mi arreglo personal es descuidado o desaliñado?

¿Llevo con negligencia el cumplimiento de mis responsabilidades?

¿Prefiero hacer el mínimo esfuerzo en general?

¿Me descubro con cierta facilidad «no haciendo nada»?

6

El desenfreno

Todo sin medida

¿Qué tipo de animal es el ser humano?

Aristóteles dijo que el ser humano es un animal racional. Esta antigua definición ayuda a entender por qué la mercadotecnia y la publicidad dirigen tantos mensajes e incitaciones a cierto sector —innegable— de nuestra personalidad. El verdadero cliente potencial es el animal que llevamos dentro.

Tenemos, sin duda, muchos vínculos con el universo material y, en particular, con el reino animal. Somos del género. A tal punto que algunos, con una visión demasiado burda del ser humano, podrían pensar que en realidad no somos más que animales; un poco más complejos o especializados, pero animales al fin.

La verdad es que somos esencialmente diferentes. Y la diferencia estriba no solo en que poseemos un alma espiritual, sino también un cuerpo esencialmente diferente, *humano*. De hecho, más que poseer un cuerpo, somos corpóreos; más que instintos, tenemos tendencias, y nuestra sensibilidad y percepción, aunque se basan en nuestro cuerpo, no dejan de ser en cierto modo espirituales.

Los apetitos corporales

Ahora bien, nuestro cuerpo tiene necesidades fisiológicas (es decir, propias de su funcionamiento) que se expresan en forma de *apetitos corporales*. La sed, el hambre, el frío, el sueño, etc., expresan necesidades específicas de nuestro cuerpo para mantenerse sano.

Desde esta perspectiva, todo apetito corporal tiene una razón de ser y una bondad propia. Sin embargo, también en esta dimensión de nuestro ser, el egoísmo introdujo su veneno en la forma de una *búsqueda desordenada* de todo aquello que a nuestro cuerpo le resulta placentero.

> **El hecho de ser corpóreos nos impone necesidades y tendencias que se expresan en forma de apetitos corporales.**

En la antigüedad, los griegos distinguían entre lo apolíneo y lo dionisiaco, por referencia a dos dioses antagónicos: Apolo y Dionisio (o Baco). Apolo era el dios del orden, de la moderación, del equilibrio; Dionisio, en cambio, era el dios del desenfreno, del borbotón espontáneo e impetuoso de una fuerza instintiva que los griegos llamaban *hibris*. No estaban equivocados. Todos conocemos la terrible potencia de esa *hibris* que anida en las oscuras salas de nuestra corporeidad y que en ocasiones nos hace sentir enclenques, incapaces de refrenar el ímpetu de nuestros apetitos.

Cuando cumplí ocho años, papá me organizó una fiesta en el jardín de la casa. Uno de los innumerables concursos consistía en atarse a otro niño, espalda contra espalda, con una soga. Cada uno debía tirar hacia su meta, a unos tres metros de distancia, venciendo la resistencia de su contrincante. En cierto momento, me ofrecí a competir contra un niño menor que yo, pero mucho más robusto. A sus siete años, parecía un toro. Le bastaron breves instantes para arrastrarme hasta su meta. Mientras mi papá nos desataba, me susurró al oído: «La próxima vez, fíjate con quién te pones».

Los apetitos sin control

Cuando perdemos el control de nuestros apetitos corporales, hablamos de *desenfreno*. Y cuanto más descontrolados, tanto más ciegos, monstruosos y destructivos llegan a ser, esclavizándonos sin piedad a sus insaciables tendencias.

Cuanto más se deja arrastrar el ser humano por sus apetitos corporales, más se nubla su inteligencia y se debilita su voluntad.

Una de las manifestaciones más conocidas del desenfreno es la *gula*. Es cierto que algunas personas comen en exceso por una compulsión psicológica. La gula, en cambio, es un desorden moral. Es sabido que, en otros tiempos, los banquetes de los romanos se prolongaban por días, y devolvían el estómago para seguir comiendo. Quizá hoy no se den tales excesos, pero sí otros en términos de despilfarro, excesiva refinación o, por el contrario, voracidad en el consumo de comida chatarra. Hay quienes solo se detienen ante el dedo amenazador de la báscula. Otros han perdido ya toda compostura y se entregan plácidamente a los brazos de la obesidad, con sus lamentables consecuencias para la salud. La obesidad, dicho sea de paso, ha llegado a ser el asesino en serie más impune de nuestros días.

El alcoholismo

Otra manifestación frecuente del desenfreno es el *abuso del alcohol*. Se trata de un abuso que admite grados: desde una borrachera esporádica hasta el alcoholismo propiamente dicho. No es fácil precisar la verdadera causa del alcoholismo. Algunos estudios avalan la tesis de una cierta predisposición genética. Habría que añadir otros factores de carácter educativo y cultural, la presión social —sobre todo en jóvenes y adolescentes—, las situaciones difíciles o estresantes, la depresión, etc. A medida que se agrava, la adicción al alcohol pasa de la dependencia psicológica a la fisiológica; es decir, a ser una necesidad orgánica, y por más voluntad que se tenga de dejar el vicio, hace falta una ayuda profesional y quizá el apoyo de algún grupo de acompañamiento.

La drogadicción

El *consumo de drogas* es otro vicio típico del desenfreno. No porque exista como tal un apetito corporal que nos incite a probar narcóticos o estupefacientes, sino porque, una vez probados, se genera la necesidad de estímulos cada vez más frecuentes y poderosos para provocar el mismo efecto, perdiendo así el control y cayendo en la adicción. Como ocurre con el alcohol, a la dependencia psicológica se añade la fisiológica, y la persona, aunque quisiera, ya no puede prescindir de las drogas.

> Una persona inmoderada es víctima
> y esclava de sus propios apetitos.

El «ojo suelto»

Un último exponente del desenfreno, aunque deriva en otro vicio que veremos en el próximo capítulo, es el descontrol de la vista. En la forma de curiosidad o, simplemente, de *mirada distraída*, los ojos se posan en todas partes, como abejas que buscan afanosamente algún polen excitante. Y en nuestro ambiente actual, tan cargado de erotismo, el «ojo suelto» no necesita mucho esfuerzo para encontrarlo.

También en este campo cabe distinguir «niveles» de complacencia: desde un consentimiento solo momentáneo hasta el deleite consentido y morboso al mirar a una persona atractiva por la calle —a veces con prendas provocativas—, o una escena subida de tono en los medios.

Recuento de daños

Las consecuencias del desenfreno son bien conocidas y, en algunos casos, desastrosas. Cuanto más nos dejemos arrastrar por nuestros apetitos corporales, más se nos nubla la inteligencia y debilita la voluntad. Podemos llegar a ser un guiñapo en manos de nuestros vicios, que nos consumen física, psicológica y moralmente.

Pero los daños se extienden mucho más allá del individuo. El cónyuge, los hijos, los amigos, todos sufren con las caídas de un adicto a la comida, al alcohol, a las drogas, etc. Todos se frustran y se desesperan. Los consejos van y vienen, pero sin resultado. Bastaría un acto definitivo de la voluntad, pero… ese acto no llega. Las secuelas del desenfreno muestran, una vez más, que nuestro peor enemigo es el que llevamos dentro.

¿Desenfrenado yo...?

Te invito a reflexionar y a sincerarte con cada una de estas preguntas:

¿Voy por la vida como una gran antena parabólica, atento a captar toda sensación que deleite mis sentidos?

¿Me dejo vencer por la gula?

¿Soy melindroso para comer?

¿Consumo ciertos alimentos a sabiendas de que me hacen daño?

¿Alguna vez he perdido el control al beber alcohol? ¿Lo consumo en exceso? ¿He probado drogas?

¿Tiendo a las «miradas distraídas»? ¿Me gana la curiosidad de ver lo que puede ser inconveniente?

(7)

La lujuria

Esclavos del eros

Todos somos clientes potenciales

Nuestra atmósfera mediática ha alcanzado altos niveles de conta-
minación erótica. La televisión, el cine, los medios impresos y el
internet han puesto al servicio de la carne recursos y tecnologías
sin precedentes. Navegar libremente por el ciberespacio hoy casi
equivale a callejear por la «zona roja» de una metrópoli. Y quienes
gustan de andar a pie se encuentran a la vuelta de la esquina con
espectáculos en vivo cargados de lascivia, centros de *table dance*,
casas de citas y otros focos de provocación.

Ahora bien, el bombardeo sexual no tendría un blanco si no
hubiera en nosotros una inclinación desordenada hacia ese placer:
la lujuria. La enorme industria del sexo ha sido, es y seguirá siendo
un negocio rentable mientras esa pasión siga electrizando nuestros
tejidos, en cualquier edad y estrato social. Todos somos clientes
potenciales.

**Nuestro apetito sexual está siempre al acecho,
esperando que le arrojen algo de carnada.**

Qué es y qué no es lujuria

La búsqueda consciente y deliberada de la excitación sexual y su satisfacción egoísta es un acto de lujuria. Obviamente, lo que nos sucede de forma involuntaria no tiene ninguna connotación moral: una imaginación no querida, una mirada inesperada o, incluso, una excitación física no buscada, sin importar su intensidad o duración.

La lujuria reviste muchas formas, desde procurar el placer sexual de manera solitaria (masturbación) hasta las relaciones sexuales antes o fuera del matrimonio. Una joven de 19 años me preguntó recientemente por qué sería inmoral la satisfacción sexual fuera de ese marco. ¿No es acaso un apetito natural? ¿Qué tiene de malo satisfacerlo?

El tema de la masturbación

No son pocos quienes argumentan que la masturbación es un recurso normal para dar cauce al impulso sexual. No hace falta, sin embargo, una aguda intuición para comprender que esta práctica contradice *el sentido profundo* de nuestra sexualidad. ¿No es ella la facultad por excelencia de nuestra entrega a otra persona? Somos sexuados porque somos «seres relacionales». La búsqueda del placer sexual en solitario no solo contradice la esencia misma de la sexualidad, sino también la nuestra como personas. No es casualidad que el hábito de la masturbación —al igual que otras adicciones— provoque aislamiento, vacío, frustración e inseguridad, por más que se nos diga que nadie tiene por qué sentirse culpable.

Las relaciones prematrimoniales

Pero la joven —que tenía novio y estaba considerando la posibilidad de iniciar una vida sexual activa con él— quería saber, más bien, por qué la moral cristiana no acepta las relaciones sexuales fuera del matrimonio, cuando pueden ser la expresión de un amor auténtico, y no de una «calentura» pasajera.

Su mirada era sincera y un tanto contrariada. Me puse entonces a reflexionar con ella: «Es tan valioso y bello el don de la propia intimidad», le dije, «que requiere un *contexto de relación* a su nivel. Este contexto es el matrimonio, cuyo compromiso total y perpetuo ofrece el nivel de relación requerido por un acto de tanto valor».

> Es tan valioso y bello el don de la propia intimidad
> que requiere un *contexto de relación*.

Fuera del matrimonio, no existe ninguna relación personal —de amistad o noviazgo—, por intensa que sea, que ofrezca un marco adecuado para la relación sexual. De hecho, normalmente establecemos ciertos límites en el contacto físico con otras personas, dependiendo del tipo de relación. A un desconocido bien podemos darle un cortés «buenos días», pero no solemos darle un abrazo; a una persona conocida tal vez la saludemos ya de mano; a un buen amigo, en cambio, le damos un efusivo abrazo y, según las culturas, hasta un beso en la mejilla. En un noviazgo, como es natural, el contacto físico toma expresiones más intensas, como pueden ser los abrazos prolongados y los besos apasionados, pero sin llegar a la intimidad. Porque el don de la propia intimidad supone —valga la expresión cuantitativa— 100% de lo que podemos dar en el plano corporal, y ello sería propio de un nivel de relación «equivalente» —es decir, de un compromiso recíproco de 100%—, el cual se da solo en el matrimonio.

Releía hace poco la hermosa carta de un padre a su hijo a punto de casarse. En ella, el padre citaba una bella analogía de la escritora chilena Isabel Allende: «El amor es la música y el sexo es el instrumento. Dentro de la partitura del amor, el sexo puede crear momentos de una belleza inolvidable, pero fuera de ella es tan burdo como alguien que intentase jugar al tenis con un Stradivarius».[12]

El drama de la infidelidad

Cuando la relación sexual fuera del matrimonio se da entre personas casadas —al menos una de ellas—, existe el agravante de la infidelidad o adulterio, cuyas consecuencias son bien conocidas. ¡Y vaya que todos sufren! El cónyuge infiel por la pena y la vergüenza de haber caído; el cónyuge víctima, por el dolor de haber sido engañado, y no digamos los hijos, que sufren por doble cuenta al cargar el dolor por ambas partes. Y aunque se dé el perdón —que es siempre lo mejor—, ¡qué difícil es recuperar la confianza!

La pornografía: esa nueva adicción

Otra forma de lujuria es la pornografía. Hoy resulta casi imposible no ver imágenes eróticas en carteleras, espectaculares, películas, programas televisivos, periódicos y revistas. La pornografía es una industria que crece exponencialmente y se filtra como la humedad en nuestras casas, oficinas y espacios de descanso. El grado de consumo varía: desde el que anda con el «ojo suelto» viendo todo lo que se presenta, hasta el que *paga para ver*, que ya presenta señales de cierta adicción.

Estudios recientes han confirmado que la pornografía puede tener efectos adictivos no solo psicológicos, sino también fisiológicos, dados los cambios neurobioquímicos que produce en el cerebro. La adicción a la pornografía suele provocar el descuido habitual de las propias responsabilidades y de la comunicación con los demás, aislándonos en una especie de enclaustramiento sexual. No puedo olvidar a un compañero de universidad que sufría amargamente por haberse dejado enredar en este vicio. Se sentía ansioso, vulnerable y profundamente decepcionado de sí mismo. Ansiaba borrar de golpe la impresión dejada en su memoria por tantas imágenes que ahora lo turbaban y atormentaban, pero no podía. La pornografía le estaba pasando su factura.

Esclavos de la inmediatez

Una característica muy típica de la lujuria es que cada nueva tentación se presenta como una *oportunidad única* que no podemos dejar pasar. Nos vuelve cortoplacistas, esclavos de la inmediatez, del «aquí y ahora», sin saber esperar. Por esta misma razón, los temperamentos más primarios e impacientes suelen ser más proclives a caer en este vicio.

....

El lujurioso percibe cada nueva tentación como una *oportunidad única* que no puede dejar pasar.

....

La lujuria ha destruido muchas vidas. Como un devastador tsunami, ha dejado a su paso una espantosa secuela de niños abusados, de madres solteras, de carreras truncadas, de familias rotas, y millones de enfermos. De todas partes se alza el clamor social contra tales males, pero sorprende constatar cómo no se alzan las voces con igual vehemencia contra el despliegue de permisividad y erotismo que son su causa más frecuente. No lo dudemos: mientras las sociedades sigan erotizadas y la lujuria campee a sus anchas por el mundo, seguirá habiendo abusos, infidelidades y muchas, muchas lágrimas.

¿Lujurioso yo...?

Te invito a reflexionar y sincerarte con las siguientes preguntas:

¿Ando con el «ojo suelto» viendo todos los estímulos eróticos que se presentan?

¿Me gustan las conversaciones, confidencias y bromas subidas de tono?

¿Cedo fácilmente a las imaginaciones lujuriosas?

¿He pagado alguna vez por ver pornografía?

¿Tengo el hábito de la masturbación?

¿Doy rienda suelta a mis pasiones carnales en el trato con mi novio(a)?

Si soy casado, ¿he sido infiel de pensamiento, de corazón o de obra?

¿No dejo pasar ninguna «oportunidad» para satisfacer mi apetito sexual?

8

La comodidad

Una atadura sin igual

La sociedad del confort

A pesar de la terrible pobreza, tan presente y dolorosa en gran parte del mundo, mucha gente vive en la *sociedad del confort*. La ciencia y la tecnología nos prodigan cada día nuevos productos para remediar todas las incomodidades imaginables. Quizá una marca distintiva de nuestra época es la victoria de lo automático sobre lo manual, con pocas excepciones, como el automóvil de transmisión manual y las cámaras fotográficas profesionales.

La búsqueda de una cierta comodidad no es ningún vicio, pero sí el afán desordenado y egoísta de conseguirla. Tampoco hay que confundir la comodidad con la pereza. La comodidad puede motivarnos a ser muy trabajadores, con tal de poder darnos nuestros gustos. Si cabe la comparación, la pereza nos lleva a la inactividad; la comodidad, al disfrute.

....

La búsqueda de una cierta comodidad no es ningún vicio; el afán excesivo de comodidad, sí.

....

Prohibido incomodar

La comodidad nos hace *tiquismiquis*, es decir, quisquillosos y delicados para evitar toda aspereza o fastidio, como pueden ser las inclemencias del tiempo, las penurias materiales y las incomodidades, por lo que un baño frío o una noche en el sofá pueden resultar una verdadera pesadilla para nosotros.

La comodidad nos lleva a rehuir las acampadas y cualquier aventura al aire libre. Preferimos la serena quietud de nuestra casa que las asperezas de una montaña, y el suave confort de unas pantuflas que unos botines de alpinista. Si tenemos posibilidades económicas, nos hospedamos siempre en hoteles de categoría, con una buena cocina *gourmet*.

La búsqueda de comodidad puede también invadir otros espacios, como el trabajo, en el que solo aceptamos tareas agradables que no nos exijan sacrificio alguno. En nuestro despacho tenemos por sillón una poltrona y, siempre que es posible, nos quitamos los zapatos. Evidentemente, la ergonomía[13] es una de nuestras ciencias favoritas. También evitamos los desvelos y las reuniones incómodas o acaloradas.

En el campo de la fe, asumimos una actitud más bien conformista, sacándole la vuelta a los compromisos «de más». Jamás nos apuntamos para participar en misiones ni en brigadas de ayuda humanitaria, pues suelen incluir en el paquete ciertas inclemencias.

La cadena de lo rutinario

Sin darnos cuenta, la comodidad recorta nuestras propias alas. Llegamos a ser muy limitados en nuestros espacios y actividades, transitando por la vida con muy poco margen de maniobra, y todo por no querer afrontar incomodidades. Así jamás experimentaremos el placer de un récord superado, de una cima conquistada, de un atajo descubierto. Nos encadenamos a una rutina, a un *modus vivendi* soporífero y gris, sin sobresaltos ni adrenalina, pero también sin alegría.

> **La comodidad recorta nuestras alas
> y nos deja muy poco margen de maniobra.**

La comodidad nos hace olvidar un principio básico de la superación personal: «Haz lo que temes». Recuerdo que un señor, cercano a sus 50 años, se preguntó a sí mismo qué es lo que más temía hacer en la vida. No tardó en adivinar: «Lanzarme con un parapente» (un deporte cercano al paracaidismo que consiste en lanzarse desde una pendiente elevada y descender planeando con un paracaídas). Este señor se propuso cruzar el umbral de sus 50 años venciendo finalmente ese miedo. Se armó de valor y se inscribió en un curso para aprender la técnica y lanzarse. Y aunque sabía que su primer vuelo lo haría con un instructor, no dejaban de temblarle las piernas mientras subía hacia el salón de entrenamiento. Finalmente, llegó el momento de subir a la montaña, hasta una saliente desde la que se dominaba un amplio valle. De ahí se lanzaría al temido vuelo. El breve curso le había dado cierta confianza, pero no eliminó del todo el pavor que sentía. Cuando finalmente se lanzó, pudo saborear aquella experiencia inédita en su vida. Al preguntarle sus hijos y amigos, que lo habían acompañado, cómo se sentía, respondió: «El miedo que tenía antes de tirarme era del tamaño de King Kong; ahora es solo del tamaño de un gran gorila adulto».

La comodidad no nos permite vencer nuestros miedos. Y si estamos al frente de una familia, reduce enormemente las posibilidades de nuestros hijos. Quizá sin pretenderlo, les transmitimos nuestros miedos al limitarlos a aquellas actividades en las que todo esté debidamente controlado.

Cuando las variables se nos salen de control

La vida está tejida de situaciones imprevistas, a veces inclementes y molestas; por eso, lejos de vivir tranquilos, nuestro afán de comodidad nos genera preocupaciones y frustraciones al no poder tener «todo bajo control».

> **La comodidad reduce nuestra capacidad de adaptación a cualquier circunstancia.**

Por último, la comodidad nos hace poco solidarios, pues enfoca demasiado la búsqueda en nuestra propia comodidad. Llegamos quizá a parecernos a los cangrejos ermitaños, por no tener el valor de ceder nuestro espacio y sufrir a favor de alguien más. Para ser solidarios necesitamos olvidarnos de nosotros mismos, pero la comodidad no nos permite pagar ese precio. No nos damos cuenta de que por el mismo precio viene la felicidad incluida, y nos privamos de ella.

Todos hemos sabido de personas heroicas que han sufrido grandes penas por ayudar a alguien. Recuerdo la historia de una joven judía que, al concluir la Segunda Guerra Mundial, recién liberada de un campo de exterminio nazi, no tenía fuerzas para caminar siquiera hasta la estación del tren. Un joven muy flaco —casi tan escuálido como ella— la tomó en brazos y la cargó hasta la estación, con no poco sacrificio; ahí, como pudo, le consiguió un pan y un tazón grande de café. La joven no podía creerlo; era la primera vez en años que tenía en sus manos una bebida caliente. Poco después, el joven desapareció y ella no supo más de él. Décadas más tarde, aquella mujer vino a saber que su abnegado salvador había sido un seminarista católico polaco llamado Karol, que llegó a ser Papa.

¿Cómodo yo…?

Te invito a reflexionar y sincerarte con las siguientes preguntas:

¿Evito sistemáticamente cualquier incomodidad?

¿Me irritan los climas adversos: la lluvia, el frío, el calor?

¿Tengo habitualmente «necesidades especiales» que me impiden adaptarme a las circunstancias?

¿Evito acampar al aire libre? ¿Me descorazona imaginar siquiera las incomodidades propias de una excursión?

¿Soy quisquilloso o demasiado exigente en detalles que tienen que ver con mis gustos o manías?

¿Declino los compromisos de tipo comunitario, social o religioso?

¿Suelo recortar las opciones de diversión o esparcimiento de mi familia por limitarme solo a actividades «bajo control»?

¿Me he abstenido de ayudar a alguien por salvaguardar mi propia comodidad?

9

La avaricia

Cuando la riqueza nos empobrece

Un extraño deleite

La avaricia es el afán desordenado de acumular bienes materiales, un deleite enfermizo de poseer bienes de todo tipo. No hay que confundir la avaricia con el esfuerzo legítimo por adquirir lo necesario para vivir dignamente y reunir un patrimonio personal o familiar que nos dé cierta seguridad de cara al futuro. Más aún, la avaricia como tal no reside en la cantidad de bienes, pues puede haber personas con grandes recursos materiales sin una gota de avaricia.

Este vicio, como los demás, es una forma de egoísmo. La avaricia nos lleva a pensar solo en nosotros mismos, en satisfacer nuestra sed de poseer más y más sin ver más allá de nuestra telaraña, por lo cual las necesidades ajenas pasan inadvertidas para nosotros.

Según nuestras preferencias personales, podemos codiciar cualquier cosa: casas, automóviles, joyas, ropa, accesorios, estampillas, soldaditos de plomo, piedras o, incluso, dinero en efectivo. Cómo es posible que el papel moneda excite nuestros sentidos, no lo sabemos, pero el codicioso goza viendo y acariciando sus billetes, o ahora sus tarjetas de crédito, como si se tratara de un verdadero objeto de placer.

La avaricia suele entrarnos por los ojos. Todo lo que brilla nos parece oro: todo lo que parezca fastuoso, interesante, atractivo, y más si es único en su especie. Y estamos dispuestos a pagar lo que sea con tal de convertirnos en el «único poseedor» de algún artículo. Quizá algunas pinturas de dudoso valor artístico han alcanzado precios fuera de toda imaginación en las subastas porque existen compradores cuya avaricia tiene el respaldo de una poderosa chequera.

El corazón ciego

La avaricia se instala en nuestro corazón, y es este el que se apega. Se ha comparado el corazón humano con un tubérculo, como la papa, porque echa raíces en todas direcciones.

> El corazón del avaro tiende sus múltiples
> y alargados tentáculos a todo lo que esté al
> alcance; y una vez asido, difícilmente lo suelta.

Sin embargo, en la búsqueda de lo singular y ostentoso, muchas veces nos equivocamos. Se cuenta que, en una subasta de antigüedades, tras varias piezas muy cotizadas, tocó el turno a un viejo y empolvado violín. La algarabía cesó de repente. «¡50 dólares!», abrió el subastador; pero no hubo respuesta. Nadie daba nada por aquel desvencijado violín.

«A la una…, a las dos…», y estaba a punto de devolverlo a la trastienda cuando se levantó una mano. Un hombre delgado y canoso pedía solo un favor: pasar al frente y examinar más de cerca el instrumento. Se le concedió. Lo tomó con extremo cuidado entre sus largas manos, sacó su pañuelo y lo desempolvó suavemente. Después lo sujetó contra su mejilla y empezó a afinarlo. Pocos instantes después, el viejo interpretaba una bellísima pieza con increíble maestría y llenaba de lágrimas a muchos de los presentes. El improvisado concertista, al terminar, devolvió el violín al subastador, quien reiteró la oferta: «Cincuenta...», no había terminado cuando alguien ofreció 500 dólares; otro más gritó 1 000..., y así fue subiendo el precio, hasta que alguien hizo la mayor oferta: ¡500 000 dólares! Y le salió barato, pues se trataba de un Stradivarius en perfecto estado, solo un poco empolvado y descuidado. Definitivamente, ni todo lo que brilla es oro, ni todo lo que no brilla es leña.

La sed insaciable

La avaricia, como cualquier vicio, también nos daña. Nos ocurre lo mismo que al hidrópico: cuanto más bebemos, más sed nos da. Como también dice la Biblia: «Quien ama el dinero no se harta de él; para quien ama la abundancia, no bastan ganancias».[14] Podemos incluso arruinarnos con tal de seguir acumulando lo que en realidad no necesitamos.

> El corazón del ser humano tiene aspiraciones
> trascendentes que ningún bien material puede saciar.

La avaricia es una esclavitud. Más que poseer, nuestras pertenencias nos poseen; nuestro corazón se apega de tal modo a ellas que perdemos la libertad propia del espíritu. Este apego afectivo, interior, tiene su proyección exterior en el apego efectivo, que nos impide compartir nuestros bienes. Nos privamos así de uno de los más grandes placeres de la vida, que es la generosidad.

La avaricia también nos vuelve presumidos. En este sentido, la avaricia se acerca a la vanidad bajo la forma de ostentación. Sin embargo, aquí el matiz es diferente: no presumimos para proyectar nuestra imagen, sino para hacer gala de lo que poseemos.

La avaricia no lleva a ninguna parte. Al polarizar nuestro impulso vital a la posesión de más y más cosas, descuidamos otros aspectos esenciales de la vida. Suele suceder que cuanto más nos enriquecemos con bienes materiales, más nos empobrecemos como personas.

Todos hemos escuchado alguna vez la fábula del rey Midas. Fue un hombre que creció obsesionado por la riqueza; particularmente por el oro. El dios Baco le concedió al fin su mayor deseo: que todo lo que tocara se transformara en oro. Y todo iba muy bien hasta que quiso beber, comer, dormir… Todo se convertía en oro; en puro, duro y frío oro.

La avaricia tiene un efecto paradójico: poseyéndolo todo, nos sentimos vacíos. Tarde o temprano nos damos cuenta de que nada es capaz de saciar la sed de nuestro ambicioso corazón.

Y es que ningún bien material, en la cantidad que sea, está hecho a la medida de nuestro corazón, el cual tiene aspiraciones trascendentes que ningún bien material puede saciar.

El avaro, poseyéndolo todo, se siente insatisfecho.

¿Avaro yo...?

Te invito a reflexionar y sincerarte con las siguientes preguntas:

¿Me siento insatisfecho con lo que tengo?

¿Envidio o codicio fácilmente las posesiones de los demás?

¿Soy un comprador compulsivo?

¿Acumulo ropa, zapatos, joyas, accesorios de vestir más allá de lo necesario?

¿Disfruto enormemente al contar y recontar mis posesiones?

¿Tengo una obsesión enfermiza por coleccionar objetos materiales?

¿Soy de los que están dispuestos a pagar una fortuna por algún artículo «único en su especie»?

¿Me siento realizado al mostrar mis posesiones a los demás?

¿Soy una persona tacaña? ¿Muy rara vez estoy dispuesto a donar o compartir mis bienes?

⑩

El orgullo

Cómo ganarse el desprecio de los demás

Una superioridad mal entendida

Como vimos al hablar de los vicios en general, además de la sensualidad, el egoísmo da origen a una segunda ramificación: la soberbia. De ella brotan, a su vez, cinco vicios: el orgullo, la vanidad, la autosuficiencia, la susceptibilidad y la rebeldía.

El orgullo es un exceso de estimación propia, dice el diccionario. Es creerse, sentirse o actuar como superior a los demás. El matiz propio del orgullo es esa superioridad mal entendida y, sobre todo, mal encauzada. El filósofo Baruch Spinoza definió el orgullo como el placer de la persona que piensa *demasiado* bien acerca de sí misma.

Liderazgo de servicio

No es orgullo reconocer con objetividad y sencillez nuestros talentos; tampoco el sentirnos realizados y felices cuando alcanzamos alguna meta en la vida. Tampoco es orgullo nuestro liderazgo, si es genuino y lo ejercemos con una actitud de servicio a los demás.

De hecho, se habla con razón del *servicio de la autoridad:* alguien tiene que mandar, coordinar o dirigir una familia, un equipo de trabajo, una empresa o un gobierno para que las cosas funcionen.

En su libro *El líder ejecutivo al minuto,* el reconocido gurú gerencial Ken Blanchard utiliza un símbolo interesante: un minuto en la esfera de un reloj digital. Aclara que ese símbolo tiene por objeto recordarnos que cada día debemos dedicar un minuto a contemplar el rostro de las personas con quienes trabajamos —o vivimos—. Y también nos hace comprender que *ellas* son lo más importante.

El arte de la tiranía

El orgullo, por el contrario, nos lleva a esclavizar, atropellar y tiranizar a los demás cuando ejercemos cualquier autoridad. Exigimos y mandamos sin titubear tareas que pueden implicar desvelos innecesarios o esfuerzos desproporcionados; fijamos caprichosamente fechas y horas de entrega sin importar lo que nuestros subordinados tengan que sufrir para cumplirlas.

....
**La regla de oro del orgulloso es exigir,
no dialogar ni motivar.**
....

El orgullo nos vuelve impacientes, intolerantes e incomprensivos ante las limitaciones o deficiencias de los demás. Todos deberían ser perfectos ¡como nosotros! Observamos y captamos con agudo ojo crítico el punto flaco del prójimo. Lo curioso es que esa misma agudeza no nos ayuda a percibir sus puntos luminosos.

El orgullo nos resta empatía. No comprendemos los sentimientos, estados de humor o puntos de vista de los demás. Damos por sentado que todo tendría que hacerse a nuestra manera, según nuestros criterios, y las personas con quien vivimos —incluyendo pareja, padres e hijos— deberían funcionar como o mejor que cualquier máquina.

La regla de oro del orgullo es exigir, no dialogar ni motivar, dejando de lado —como dijo el empresario Salvador Alva— que la rigidez es buena en las piedras, no en los seres humanos. Por lo mismo, no es raro que en nuestro equipo de trabajo la rotación ande por los cielos y la lealtad, por los suelos. Y no caemos en la cuenta de ello hasta que alguien, con una buena dosis de audacia y valentía, nos lo dice. Por desgracia, el orgullo nos lleva a pensar que los demás exageran. «Si les cuesta, es porque soy exigente», nos decimos a nosotros mismos.

El orgullo, por citar un efecto más, nos hace ver solo nuestros propios objetivos y, para alcanzarlos, pasamos por encima de quien sea, como una aplanadora que va dejando tras de sí personas maltratadas, heridas y desalentadas.

Cómo ganarse el desprecio ajeno

Lidiar todos los días con una persona así es una dura pesadilla. Su estilo avasallador, sus palabras hirientes, sus actitudes altaneras exasperan a quien sea. Algunos reaccionan con una sumisión resignada, tal vez no exenta de un secreto rencor; otros, más valientes, se rebelan.

La Biblia presenta un caso aleccionador en la persona del rey Roboam, hijo de Salomón, quien al subir al trono de su padre consultó a los ancianos del pueblo para saber cómo debía gobernar. La respuesta fue sabia: «Si tú te haces hoy servidor de este pueblo y le sirves y le das buenas palabras, ellos serán siervos tuyos para siempre». Pero Roboam no les hizo caso y prefirió el consejo de sus amigos más jóvenes: «Esto debes responder a este pueblo: "Mi dedo meñique es más grueso que los lomos de mi padre. Un yugo pesado os cargó mi padre, mas yo haré más pesado vuestro yugo; mi padre os azotaba con azotes, pero yo os azotaré, con escorpiones"».[15] Como era de suponer, Roboam provocó con ello la rebeldía del pueblo y tuvo que salir huyendo del reino de Israel para refugiarse en Jerusalén.

El orgulloso solo ve sus propios objetivos, como una aplanadora que va a lo suyo, dejando tras de sí personas maltratadas, heridas y desalentadas.

En el triste epílogo de la vida de muchos orgullosos prevalecen el olvido y el abandono, incluso de quienes fueron más cercanos a ellos. Tal vez por eso Benjamin Franklin dijo: «El que come orgullo, cena desprecio».

¿Orgulloso yo...?

Te invito a reflexionar y sincerarte con las siguientes preguntas:

¿Pienso demasiado bien de mí mismo, de mis talentos, capacidades y buen juicio?

Si ejerzo alguna autoridad, ¿lo hago tiranizando, atropellando o lastimando a los demás?

¿Soy impaciente, intolerante o incomprensivo al constatar las limitaciones o deficiencias de los demás?

¿Soy impositivo e inflexible a la hora de expresar mis opiniones?

¿Juzgo y critico internamente el proceder de otros?

¿Prefiero exigir en lugar de dialogar o motivar?

¿Me halaga tener fama de «duro»?

(11)

La vanidad

Barnizando tu imagen

Dos tipos de vanidad

La vanidad es una ilusión. Nace del deseo excesivo de ser alabado y ensalzado por los demás. El novelista francés Gustave Flaubert decía que «el orgullo es una fiera salvaje que vive en una cueva y vaga por el desierto. La vanidad, en cambio, es un loro que salta de rama en rama y parlotea a la vista de todos».

El rasgo esencial de la vanidad consiste en cuidar demasiado y barnizar *nuestra propia imagen* ante los demás. Al sentir una necesidad enfermiza de quedar bien, de causar buena impresión, podemos ceder a dos tipos de vanidad: la de los que sí tienen de qué presumir y la de los que no. En el primer caso, nos volvemos presumidos y ostentosos, mientras que, en el segundo, nos gana la inhibición, la timidez y el acomplejamiento.

La necedad de la ostentación

Los vanidosos tienen una necesidad
enfermiza de quedar bien.

Entre los ostentosos se da, en primer lugar, el *vanidoso físico*, que cuida escrupulosamente su arreglo personal, se mira en cada espejo, luce su rostro y figura, muestra sus mejores atributos. Un buen indicador de este vicio es la cantidad de tiempo, sacrificio y dinero que estamos dispuestos a invertir en mejorar nuestra imagen corporal.

También se da el *vanidoso intelectual o cultural*, que no pierde ocasión para deslumbrar a los demás haciendo alarde de su inteligencia y cultura. Siempre tiene algo que decir, opinar, sentenciar o dogmatizar. Quizá recordemos a algún compañero de la escuela o universidad que solía intervenir en clase no tanto para preguntar, sino para hacer algún comentario demostrativo de su alto nivel de comprensión.

El *vanidoso económico* —tal vez más frecuente entre las fortunas recién habidas— hace gala salomónica de la mejor ropa de marca, joyas, viajes, coches, casa, etc. Y no porque Salomón fuera así. Por el contrario: al ser más rico que ningún otro rey antes o después de él, conforme a la promesa divina, Salomón era profundamente humilde, porque era sabio. Pero cuando sobra el dinero y falta la sabiduría, se dan derroches de ostentación que rara vez nos traen buena fama.

Timidez y vanidad

El segundo tipo de vanidoso, como vimos, es el que no tiene de qué presumir. De personalidad gris, poco dotada y mediocre, suele ser un *vanidoso tímido*, acartonado e inseguro. Como lo peor que le puede suceder es quedar mal, prefiere esconderse, callar, pasar desapercibido para evitar el peligro de mostrar sus puntos flacos, mientras se dice a sí mismo como un mantra: «¡Primero muerto que hacer el ridículo!». Es cierto que no todas las personas tímidas son vanidosas; quizá lo sean solo por temperamento y personalidad. Pero no es raro que este vicio sea la causa subyacente de nuestra timidez, nerviosismo o encogimiento, sobre todo ante los demás.

Recuerdo que durante mis primeros años de formación en el seminario me ponía muy nervioso al leer en público. Se me cortaba el aire y no me alcanzaba para completar las frases, con lo que entraba en un círculo vicioso: el miedo al ridículo me provocaba inseguridad, y esta alimentaba mi miedo, generando una espiral que amenazaba con llegar al bloqueo total. Uno de mis formadores, con buen tino, me dijo a secas un día: «¡Pura vanidad! Haga el ridículo tres veces más y se le va a quitar». Bueno, al final no bastaron tres ridículos; pero cuando ya no me importaron más, cesó el miedo y, con él, la inseguridad y el nerviosismo. Aprendí entonces lo valioso que puede ser afrontar el ridículo de vez en cuando.

Otro vanidoso es el *adicto al aplauso* y la alabanza. En las personas inseguras, las alabanzas pueden tener el efecto de una droga alucinógena, por lo que llegan incluso a mendigarlas mediante sofisticadas formas de manipulación o condescendencia extrema. Este tipo de vanidoso suele ser obsequioso y hace lo que sea por quedar bien, en espera de una palmada en la espalda o una palabra de reconocimiento.

El *vanidoso perfeccionista* llena su necesidad de autoafirmación y seguridad mirándose obsesivamente en el espejo de todo lo que hace. Las tareas más sencillas le consumen más tiempo y esfuerzo de lo razonable, y todo por quedar bien con los demás y complacerse a sí mismo.

Por último, existe también el *vanidoso envidioso*. Nadie tiene mejor olfato que él para percibir la vanidad ajena, la cual le resulta insoportable porque hiere la propia. Se trata de una persona competitiva, que suele medirse a sí misma comparándose con los demás. Y cuando no está a la altura de ellos, se vuelve crítica. Así puede pasar una fiesta entera hablando del mal gusto en los vestidos, peinados y otras «vanidades» de los demás.

La vanidad al descubierto

El escritor Malcolm Cowley solía decir que la vanidad se descubre igual que un delito. Tarde o temprano, las palabras, conductas y actitudes del vanidoso terminan por delatarlo, evidenciando su vacío interior, su ilusión y fingimiento, pues eso es también la vanidad: humo inconsistente. Bien lo decía Alfonso X el Sabio: «Los cántaros, cuanto más vacíos, más ruido hacen».

....

«Los cántaros, cuanto más vacíos,
más ruido hacen».
Alfonso X el Sabio

....

¿Vanidoso yo...?

Te invito a reflexionar y sincerarte con las siguientes preguntas:

¿Siento una necesidad enfermiza de quedar bien ante los demás?

¿Invierto demasiado tiempo, recursos y esfuerzo en mi imagen y arreglo personal?

¿Suelo hacer alarde de mi inteligencia o cultura?

¿Soy ostentoso? ¿Hago gala de mis prendas de vestir, joyas y accesorios?

¿Me atemoriza excesivamente quedar en ridículo?

¿Me cohíbo o inhibo ante los demás? ¿Me falta sencillez y espontaneidad?

¿Soy adicto a los aplausos y las alabanzas, hasta llegar a mendigarlas?

¿Soy perfeccionista aun en tareas sin importancia?

(12)

La autosuficiencia

Hágalo usted mismo

La ilusión de independencia

Todos conocemos a personas de gran aplomo y seguridad, que irradian la confianza que tienen en sí mismas. Pero, como suele decirse, donde está la virtud está el vicio. La confianza en uno mismo, cuando rebasa ciertos límites, se desvirtúa y se vuelve *autosuficiencia*. Olvidamos entonces que dependemos y necesitamos de los demás. En las profundas grutas de la autosuficiencia se escucha el eco incesante de una falsa convicción: «Yo no necesito de nada ni de nadie».

La autosuficiencia se manifiesta en la forma de un «ego» pesado, robusto, sólido y agrandado, que no conoce sus límites ni sus necesidades. Nos hace sentir inteligentes, fuertes, dotados para cualquier empresa al sobrevalorar nuestras capacidades.

Hace tiempo conocí a un niño de cinco años. Una bala de muchacho, inteligentísimo y hábil, con un ángel muy particular, pero quizá demasiado consciente de sus capacidades. Recorríamos un rancho a bordo de un Jeep cuando, de improviso, dejó de funcionar.

Antes de que el conductor tomara el celular para solicitar ayuda, el niño ya estaba destapando el motor para «arreglarlo». No tenía idea alguna de mecánica, pero aseguraba que él sabía cómo componerlo. Su papá tuvo que alzarle la voz con firmeza para evitar que metiera sus diminutas manos entre las hirvientes mangueras del motor.

Temeridad e individualismo

La autosuficiencia *blinda ante la crítica* de los demás. Si por vanidad nos preocupa el «qué dirán», por autosuficiencia nos tiene sin cuidado: «¡Que digan lo que quieran!».

Nuestra autosuficiencia nos lleva a ser *resolutivos*. El eslogan comercial *hágalo usted mismo* define nuestra esencia. Nunca acudimos a nadie para solicitar ayuda, porque a nadie lo consideramos apto o idóneo para brindárnosla. Si tenemos algún problema, preferimos resolverlo solos, fiándonos a ciegas de nuestro propio juicio.

Jamás pedimos consejo, y si alguien nos lo ofrece, se topa con un muro impenetrable. Preferimos ahogarnos que pedir ayuda; somos incapaces de reconocer nuestra precaria situación y aceptar una mano tendida. En nuestra mente, toda ayuda viene etiquetada como «lástima», y el aceptarla, como una insoportable humillación.

La autosuficiencia también nos hace *temerarios*. No medimos riesgos. Al sobreestimar nuestra capacidad, asumimos peligros, retos y tareas que nos exceden, con lo que llegamos a acometer empresas tan desproporcionadas a nuestra capacidad que damos risa y hasta pena ajena. Al ímpetu de nuestro engrandecido ego, nos lanzamos como kamikazes a la conquista imposible de nuestro objetivo, y preferimos morir antes que claudicar.

La autosuficiencia también nos hace *individualistas*. Preferimos trabajar solos que en equipo, porque los demás no solo no nos ayudan, sino que nos estorban. Si nos es posible, asumimos responsabilidades profesionales con amplio margen de maniobra y decisión; practicamos deportes individuales más que colectivos, y si tenemos que integrarnos en un equipo, preferimos aquellas posiciones que nos permitan un mayor desempeño y brillo individual.

Como es obvio, también nos *cuesta más el abandono en Dios*. Las nociones de fe y confianza en Dios nos parecen demasiado ingenuas, convencidos de que nuestra vida debe estar siempre bajo nuestro control.

El autosuficiente se encasilla cavando
en derredor un foso ancho y profundo
que lo aísla en su propio alcázar.

La vulnerabilidad al descubierto

Al final del día, tanto alarde de autosuficiencia no es, en muchos casos, más que un mecanismo de defensa para encubrir nuestra vulnerabilidad. Si reconocemos nuestra dependencia de los demás, quedamos más expuestos a la decepción y el desengaño. Paradójicamente, al huir de ese peligro, anticipamos el efecto que, en el fondo, tanto tememos: el aislamiento y abandono.

Con el tiempo y los reveses de la vida,
el castillo del autosuficiente termina por
resquebrajarse y desmoronarse, dejando al
descubierto su fragilidad y desnudez.

No faltan quienes, llegados a ese punto, optan por aceptar su verdadera situación y abrirse para recibir ayuda; pero otros, lamentablemente, huyen desesperados por el último reducto que les queda: el suicidio.

Quizá todo sea una cuestión de enfoque. La autosuficiencia no nos permite darnos cuenta de que, en realidad, la interdependencia recíproca es generadora de amor, cercanía y vinculación con los demás; es un catalizador de las más íntimas y fecundas relaciones personales y el cemento de la vida social. Por lo demás, bien dijo Jesús que solo quien se hace como un niño puede entrar en el reino de los cielos.[16]

¿Autosuficiente yo...?

Te invito a reflexionar y sincerarte con las siguientes preguntas:

¿Me siento demasiado seguro de mí mismo, de mis aptitudes y capacidades?

¿Prefiero sufrir lo que sea antes que pedir ayuda?

¿Emprendo con frecuencia tareas o retos que me superan?

¿Soy individualista y evito el trabajo en equipo?

¿Me encasillo en mis propias ideas y me aíslo de los demás?

¿Me importa poco lo que los demás opinen sobre mí?

¿Jamás pido consejo?

13

La susceptibilidad

Un ego inflamado

Una confabulación imaginaria

A veces nuestra sensibilidad está a flor de piel. «No está el horno para bollos», solemos decir. Nuestro estado anímico es susceptible al clima, los ritmos biológicos y hormonales, el nivel de estrés y hasta la buena o mala digestión. La susceptibilidad, en cambio, es un vicio moral provocado por la *inflamación* de nuestro ego. Cualquier órgano o miembro de nuestro cuerpo, cuando se inflama, se vuelve hipersensible. Todos hemos tenido alguna vez un dedo hinchado por un machucón, ¡y vaya que hasta el menor roce nos duele! Así le pasa también a nuestro ego cuando está inflamado: todo le lastima. Cuando estamos susceptibles, tenemos la impresión de que las personas, los sucesos y las circunstancias se han confabulado para lastimarnos y hacernos la vida de cuadritos.

El síndrome hiperinterpretativo

La susceptibilidad suele afectar en todos los campos, empezando por nuestra imaginación. Nos volvemos *hiperinterpretativos* y cavilosos: llegamos a sospechar de todo y a atar cabos con excesiva facilidad para sacar conclusiones que solo se basan, en realidad, en unos cuantos indicios. Además, la imaginación no baila sola, le sigue el compás un cierto complejo de víctima o delirio de persecución, por lo que tiende a interpretar todo como agresión, ofensa, humillación o desconsideración. En nuestra mente, todos tenemos la malévola intención de hacernos daño.

Berrinches

A la imaginación paranoide del susceptible se añade la sensación de estar siendo observado, criticado, masticado en todas las reuniones. El susceptible se siente en boca de todos; cree que es el epicentro de las conversaciones. Otra manifestación típica del susceptible es el *berrinche*: una rabieta explosiva, con altos decibeles y desparpajo corporal. Personas que parecen tranquilas, maduras, dueñas de sí mismas, apenas se les toca el ego reaccionan con protestas y ademanes desproporcionados, incluso infantiles. Recuerdo a un profesor muy competente en la Facultad de Medicina. Cierto día lo topamos en un pasillo haciendo el berrinche del siglo. Le acababan de comunicar que el caso que él había propuesto para el seminario de patología clínica no había sido elegido. Despotricaba dando puñetazos contra la pared y golpeando el suelo con el pie. Daba pena —y hasta risa— ver a un hombre de su posición en tal desplante. Sin duda, el verdadero protagonista de aquella tragicomedia era su ego herido.

Distorsionando la realidad

La susceptibilidad nos lleva a *agrandar los problemas.*

De las dificultades normales de la vida hacemos tremendos dramas y reproches, dada nuestra hipersensibilidad, y el *rencor* encuentra fácil acomodo en nuestro corazón. A la susceptibilidad se añade, normalmente, una aguda memoria de todo lo sufrido; conservamos todas las facturas y, cuando las cobramos, mezclamos todo: cosas recientes y antiguas, grandes y pequeñas, reales y distorsionadas, como señala el doctor Enrique Rojas.[17]

> **Cuando andamos susceptibles nos gusta masticar hierbas amargas.**

En lo profundo de nuestra psicología late un oculto masoquismo. Por eso hallamos cierto placer en restregarnos las heridas y amenizar nuestras penas con coplas de traición.

Un despilfarro del corazón

Convivir con una persona susceptible es un reto difícil. El matrimonio puede llegar a ser la antesala del infierno. Quizá el cónyuge ni siquiera sospeche lo que pasa por la mente de su pareja, hasta que la cosa estalla. Una nonada basta para declarar la guerra y sacar a la alcoba la artillería pesada. Entonces se viene en cascada el desahogo de sospechas, cavilaciones y conclusiones reprimidas quizá por largo tiempo.

Por lo general, todo acaba en un desahogo ocasional, pero a veces la situación se complica y la susceptibilidad empieza a ganar terreno en la relación, viciando la comunicación y tornándola habitualmente tensa. Hace tiempo atendí a un hombre que me decía frustrado: «Haga lo que haga, diga lo que diga, mi esposa lo utilizará en mi contra». Como cada palabra, conducta o actitud puede ser interpretada, procesada y distorsionada por la susceptibilidad del cónyuge, no hay espacio para decir o hacer algo que no le ofenda o lastime. Tal parece que la susceptibilidad le concede el extraño poder de penetrar y palpar la médula de las intenciones del prójimo sin temor a equivocarse.

La susceptibilidad consume el corazón; no se explica de otro modo tanto desgaste en ciertas parejas. Cuando la susceptibilidad da paso a la sospecha, la sospecha al reclamo, el reclamo a la contienda y la contienda al odio, el corazón se agota, se vacía, pues el odio es un despilfarro del corazón.

¿Susceptible yo...?

Te invito a reflexionar y sincerarte con las siguientes preguntas:

¿Tiendo a interpretar negativamente el proceder de los demás? ¿Normalmente en contra mía?

¿Me resiento cuando percibo algún tipo de desconsideración hacia mí?

¿Necesito que me traten con «pinzas y guantes blancos» para no ser lastimado?

¿Todo lo tomo «personal» y por eso vivo con una actitud agresiva y defensiva?

¿Suelo agrandar los pequeños problemas o dificultades de la vida?

¿Hago berrinches cuando las personas no me tratan como esperaba?

¿Tengo la sensación de que los demás me quieren lastimar?

¿Soy rencoroso?

¿Encuentro cierto deleite en reabrirme las heridas?

(14)

La rebeldía

O la ilusión de ser diferentes

Un orgullo frustrado

La rebeldía es un orgullo frustrado. El orgullo suele ser más propio de personalidades fuertes, que destacan *por encima* de los demás. La rebeldía, en cambio, es de personas menos sobresalientes, pero que necesitan destacar de alguna manera. Cuando no podemos destacar por arriba, lo hacemos, por así decirlo, *lateralmente*. Para ello, el recurso más barato es fingir que «somos diferentes».

Entonces nos oponemos por sistema a lo común, a ser como los demás. Nuestra respuesta habitual es llevar la contraria o, por lo menos, marcar la diferencia. Nos sentimos en el salón de la fama cada vez que alguien nos dice que somos «originales» o, simplemente, que somos diferentes.

Hay rebeldías, sin duda, muy nobles y justificadas. Cuando la tónica general es el gregarismo acrítico y la sujeción servil a la manipulación social, la rebeldía puede ser un imperativo ético, y el nadar a contracorriente, un gesto heroico. Václav Havel, Mahatma Gandhi y Martin Luther King fueron grandes rebeldes en su tiempo;

pero la suya fue una rebeldía madura y bien justificada, que nada tenía que ver con aspiraciones egoístas. Muchas veces tuvieron que defender su posición desde las austeras trincheras del sufrimiento y la humillación. Por eso su rebeldía fue fecunda.

La ilusión de «ser alguien»

La rebeldía a la que nos referimos en este capítulo es diferente. Es una *rebeldía inmadura* o, como suele decirse, *sin causa*. Cuando somos de talento mediocre y gris, la rebeldía puede crearnos la ilusión de «ser alguien» mediante posturas excéntricas y comportamientos efectistas, que atraigan la atención de los demás.

La *rebeldía exótica* puede llevarnos a preferir atuendos y estilos estrafalarios, a asumir posturas contestatarias y a abanderar *causas perdidas* —y cuanto más «perdidas» mejor, pues si triunfaran dejarían de ser *nuestras*—.

No es raro que tales rebeldías asuman un carácter colectivo. De hecho, de unas décadas para acá, hemos visto nacer no pocos grupos, sobre todo juveniles —hippies, punks, cholos, darks, emos, etc.— que buscan la originalidad y una identidad propia. Quieren ser algo así como el estampado estridente del tejido social.

Se segregan de la sociedad no porque ella los margine, sino porque la marginación es parte de su atuendo. La ropa, el peinado, los gestos, el estilo y el lenguaje —a veces muy codificado— constituyen sus huellas dactilares. Recuerdo que, cuando era socorrista de la Cruz Roja en Tijuana, atendí a un pandillero herido en una riña callejera. Al pedirle su domicilio, me respondió con un acento muy particular y estas palabras: «Yo me la navego por la Revu, pero cantoneo en la Obrera» lo que quiso decir: «Suelo andar por la avenida Revolución, pero vivo en la colonia Obrera».

> A medida que acumulamos manías, nos volvemos
> más difíciles de tratar y más inadaptados.

Una rebeldía para andar en casa

La *rebeldía casera* es menos extravagante, pero no menos eficaz para distinguirnos de los demás mediante sutiles artificios. Así, en una charla en la que prevalece la opinión *a*, nosotros opinamos sistemáticamente *b*. Nuestro punto de vista suele ser atípico y, sobre todo, discrepante, lo que llega a ser una postura inconsciente. Y si no podemos contradecir, entonces matizamos; si todos dicen que la pared es roja, nosotros aclaramos y decimos: «No, no es roja; es *rojiza*».

En cuanto a nuestro ajuar personal, gustos culinarios, viajes y entretenimientos, no hay cabida para lo común. Algún detalle exótico o distintivo tiene que marcar la diferencia. En el ámbito intelectual, preferimos la literatura contestataria, las posturas ideológicas contraculturales, las opciones radicales. En lo profesional, la innovación es lo nuestro, soñando con introducir nuevos paradigmas y reinventarlo todo. En el ámbito religioso, huimos de lo tradicional y andamos a la caza de novedades excéntricas, espiritualidades alternativas, etcétera.

Otra expresión típica de la rebeldía es la tendencia a las *manías*. Una manía es una manera caprichosa y obsesiva de hacer las cosas, por simples que sean. A veces transformamos las tareas más comunes en ritos curiosos y hasta solemnes. El problema es que, a medida que acumulamos manías, nos volvemos más difíciles de tratar y más inadaptados, pues todo tiene que ceñirse a nuestros rebuscados usos y costumbres, y la convivencia se complica.

La paradoja de la rebeldía

La rebeldía es, paradójicamente,
una forma de inautenticidad.

Imaginamos que somos «nosotros mismos» cuando en realidad nos sometemos al capricho de la mayoría: hacia donde ella se mueva nos movemos, pero en sentido contrario. Así podemos convertirnos en los seres más gregarios y condicionados por los demás.

Cuando era niño, tuvimos de vecinos a una familia con dos adolescentes bastante dados a este tipo de comportamientos. Mis hermanos y yo nos divertíamos con sus rarezas. Corrían los años setenta y se impuso la moda de los zapatos de plataforma para caballeros. Motivados por nuestra supuesta admiración, cada semana nos presumían sus nuevos zapatos con la regla de medir en mano. Nadie tenía zapatos tan altos como los suyos. Tristemente, tal excentricidad tenía muy poco que ver con su verdadera estatura humana.

¿Rebelde yo...?

Te invito a reflexionar y sincerarte con las siguientes preguntas:

¿Siento la necesidad constante de distinguirme de los demás?

¿Me gusta ser y que me llamen «original»?

¿Tengo gustos excéntricos en mi ajuar, vocabulario y comidas?

¿Tiendo a corregir y matizar lo que afirman otras personas?

¿Me gusta asumir posturas contrarias a la opinión común?

¿He sido «rebelde sin causa» alguna vez?

¿Me atrae todo lo «alternativo»: medicina alternativa, espiritualidad alternativa, alimentos alternativos, moda alternativa, etcétera?

¿Me identifico con grupos contestatarios, movimientos contraculturales o banderías políticas radicales?

¿Procuro dar a mis palabras o conductas algún efecto original?

¿Suelo convertir las tareas más comunes en rituales o extravagancias personales?

ACÉPTATE

Humildad

Autoestima de verdad

Un acto valiente

Hemos repasado en la primera parte de este libro los principales vicios que brotan del corazón humano. El elenco pretendía reflejar *nuestra realidad*. Ahora es el momento de hacer un acto valiente, un acto de sinceridad para *reconocerla*. Es lo que buscamos en esta segunda sección: un acto maduro de *aceptación personal*. Será una breve toma de conciencia necesaria, antes de adentrarnos en la tercera parte del libro, mucho más positiva.

La caja de sorpresas

Las desilusiones son parte de la vida. A veces las personas o las circunstancias no cubren nuestras expectativas. Tal vez esperábamos algo diferente, algo mejor: un marido ejemplar, una esposa ideal, unos hijos bien educados, un amigo incondicional, un socio leal, un proveedor honesto. Pero la vida es una caja de sorpresas, y de muchas decepciones.

Además, no pocas veces nos decepcionamos de nosotros mismos. En cualquier momento nos asalta la certeza de que no somos lo que deberíamos ser, ni lo que queríamos ser, ni lo que decíamos ser, ni siquiera lo que creíamos ser. Se ha dicho que la desilusión es el ocaso de una esperanza. Más allá del lirismo, el hecho es que nuestro corazón entra en una oscuridad espesa y se precipita hacia una debacle existencial.

¡Fuera maquillaje!

> Aceptarse es confrontarse con la propia
> realidad sin maquillaje ni retoques.
> Exige sinceridad, humildad y valentía.

El proceso puede ser difícil y doloroso, sin excluir la tendencia a la evasión. Recuerdo que una señora relativamente joven vino a pedirme orientación espiritual. Estaba pasando por un momento difícil en su matrimonio. Como paso preliminar para la orientación, intenté hacer junto con ella un diagnóstico de su situación personal, antes de adentrarnos en la situación matrimonial. No pudimos ir muy lejos. En cuanto se percató de que estábamos cerca de una peligrosa zona de desenmascaramiento personal, abandonó el proceso y no se presentó a la siguiente cita.

Aunque nos dé pena, tenemos que aceptarnos; hasta por salud mental. Lo contrario es caminar en la ilusión, con el riesgo de encontrarnos, quizá más pronto que tarde, con una tragedia personal, profesional, matrimonial o familiar entre las manos.

Cuestión de madurez

Aceptarse es un *acto de madurez*. La misma vida, con sus retos y vicisitudes, va revelando nuestras fuerzas y capacidades, y también nuestros límites. La vida es una larga lección de humildad; así nos va haciendo más objetivos y realistas.

> El realismo y la objetividad son indicadores muy confiables del grado de madurez de una persona.

Ahora bien, en este proceso no todo es doloroso. El camino del autodescubrimiento también está sembrado de sorpresas positivas: de pronto saltan a la luz aptitudes, potencialidades y talentos que estaban ahí, escondidos y latentes, en espera de una oportunidad.

El don de «no ser»

Aceptarse es también un *acto de justicia* con Dios, que hizo a cada uno a la medida de su vocación y misión en la vida. Él no comete errores de diseño. A cada uno le dio lo necesario para realizarse plenamente, y no le dio lo que tal vez podría estorbarle, aunque fuera en sí algo bueno. Es lo que podríamos llamar el *don de «no ser»*.

A propósito de esto, tengo que hacer una pequeña confesión personal. De adolescente, y luego en mi primera juventud, fui muy enamoradizo. Mis amigos lo sabían y hasta se burlaban un poco. Curiosamente, en mi grupo más cercano de amigos había dos que destacaban por su buena presencia; todas las chicas suspiraban por ellos, pero ellos no les hacían caso. En cambio, otro amigo y yo —que sí les hubiéramos hecho mucho más caso— no teníamos ese «pegue» —como entonces se decía—. En parte por eso, y en parte también por una intensa pasión por la medicina de urgencias, en lugar de andar ligando chicas dediqué la mayor parte de mi temprana juventud a ser socorrista voluntario de la Cruz Roja. Fue el primer eslabón de una cadena de circunstancias que culminaron en mi actual vocación sacerdotal. A veces me pregunto qué habría sido de mí si hubiera tenido un poco más de pegue. El don de no tenerlo en aquella época inmadura de mi vida me ayudó quizá a acertar en mi camino.

La verdadera autoestima

Aceptarse no significa, como algunos creen, tener una *baja autoestima*. De hecho, quizá es más peligrosa una alta autoestima. La historia de muchos «grandes personajes» ha sido suficientemente aleccionadora sobre los terribles desenlaces de la megalomanía. No en vano dice la sabiduría latina: «*Corruptio optimi, pessima!*» (La corrupción de los mejores es la peor).

Aceptarse es tener una *autoestima realista*. Hay que huir de los extremos. No es un equilibrio fácil, y menos cuando damos tanta importancia a lo que dicen o podrían decir los demás de nosotros. Hace siglos, Tomás de Kempis escribió una frase de increíble actualidad y que valdría la pena colocar hoy en grandes espectaculares:

«No eres más porque te alaben,
ni eres menos porque te desprecien;
lo que eres a los ojos de Dios, eso eres».[18]
Tomás de Kempis

La autoestima de verdad consiste en reconocer, valorar y apreciar *lo que somos* con objetividad y gratitud, ni más ni menos. En este punto la autoestima se funde con la humildad porque, como decía santa Teresa, la humildad es la verdad. A veces nos debatimos en un forcejeo inútil y perdemos preciosas energías modelando un falso concepto de nosotros mismos, dándonos demasiada importancia, tratando de demostrarnos que somos lo que en realidad no somos.

El precio de la libertad

Aceptarse con madurez es el precio de la libertad y es fuente de serenidad interior.

> **Solo quien se acepta y se quiere tal como es puede gozar la libertad.**

Tenía razón el gran escritor británico Gilbert K. Chesterton: «Los ángeles vuelan porque no se toman demasiado en serio».

Siete hábitos de humildad

Aprende a confrontarte con tu realidad sin retoques ni maquillajes: ¡ubícate!

Haz todo lo posible por descubrir tus talentos y aptitudes, y procura desarrollarlos.

Sé realista y humilde para reconocer tus límites.

Agradece todo lo que has recibido de Dios, sin olvidar el «don de no ser...».

Preocúpate cada vez menos de lo que digan los demás.

Aprende a quitarte importancia.

Ríete de vez en cuando de ti mismo.

$$\left(\begin{array}{c}16\end{array}\right)$$

El defecto dominante

Cómo desenmascarar al enemigo

Todos somos…

En el fondo, lo sabíamos. Viendo el *árbol de los vicios*, descubrimos que tenemos un poco de cada uno. Al menos en potencia, todos somos perezosos, desenfrenados, lujuriosos, comodones, avaros, orgullosos, vanidosos, autosuficientes, susceptibles y rebeldes.

Sin embargo, hay un defecto o vicio que predomina en nuestra vida, que llamamos el *defecto dominante*. No es necesariamente lo más feo o malo que hayamos hecho en la vida. Ciertas faltas pueden parecer muy aparatosas, pero si se presentan solo esporádicamente no llegan a constituir ningún vicio. El defecto dominante, en cambio, es un verdadero vicio: un mal hábito que aparece con frecuencia en nuestra vida.

Divide y vencerás

Como ya vimos, para afrontar nuestro defecto dominante necesitamos madurez y honestidad. Pero ahora debemos añadir estrategia. Nadie tiene cabeza ni energía para combatir en varios frentes a la vez. Los defectos hay que segmentarlos, aislarlos, para combatirlos con eficacia, según la célebre consigna de las legiones romanas: «Divide y vencerás». La misma intuición tuvo el ya citado autor espiritual del siglo xv Tomás de Kempis: «Si cada año desarraigásemos un vicio, pronto seríamos santos».[19]

«Como quedó, quedó»

¡Un vicio al año…! Parece fácil, pero controlar —no digamos extirpar— nuestro defecto dominante puede ser tarea de toda una vida, pues casi siempre es vitalicio. Quizá un breve repaso de psicología evolutiva puede ayudarnos a entender por qué. Según algunos estudios, un niño de cinco años lleva en sí 75% de los principios activos de su personalidad, considerando tanto los factores genéticos y congénitos como el aporte de su entorno familiar y educativo durante su *infancia temprana*. Pero en esa edad no es posible todavía establecer cuál será su personalidad, menos aún su defecto dominante. Los factores decisivos están ahí, pero latentes.

> Todos somos, al menos en potencia,
> perezosos, intemperantes, lujuriosos, comodones,
> avaros, orgullosos, vanidosos, autosuficientes,
> susceptibles y rebeldes.

La *adolescencia* —12 a 15 años— suele disparar de golpe todos los vicios. No sin razón, la palabra *adolescente* evoca sufrimiento. El adolescente puede ser, al mismo tiempo, perezoso, lujurioso, comodón, orgulloso, vanidoso, susceptible y rebelde.

Pasada la turbulencia, llega la *primera juventud* —16 a 20 años—. El desarrollo psicofísico empieza a completarse. La personalidad se asienta y, con ella, los rasgos del carácter, la temperatura anímica, la emotividad, etc., y también el defecto dominante.

Durante la *segunda juventud* —20 a 30 años— este amasijo de ingredientes sigue fraguando. Para muchos autores, la personalidad se cristaliza a los 30 años. Más allá de cualquier debate, podemos estar seguros de que, a partir de los 40, «como quedó, quedó». Es muy certero en este sentido el popular refrán español: «¡Genio y figura hasta la sepultura!».

Dicho de otra manera, nuestro defecto dominante no es una gripe pasajera, sino un hábito enraizado en nuestra personalidad. De hecho, también tiene mucho que ver con nuestro temperamento, con nuestra «psicología». Así, por ejemplo, los temperamentos apasionados suelen caer más en el orgullo y la lujuria, mientras que los temperamentos flemáticos tienden más a la pereza y la comodidad.

> **Nuestro defecto dominante tiene mucho que ver con nuestro temperamento y personalidad.**

¿Nada que hacer?

¿Habrá entonces que resignarse sin más? En realidad, ¡hay mucho que hacer! El defecto dominante es un reto que nos ofrece a diario la inmejorable oportunidad de practicar precisamente aquella virtud que más necesitamos. De este modo, el defecto dominante y su virtud contraria serán los ejes para diseñar un *programa de vida*, como veremos más adelante.

Introspección y ayudas externas

Se plantea un problema:

....
¿Cómo descubrir nuestro defecto dominante?
....

Algunos lo descubren fácilmente porque tienen buena *introspección*: se conocen con objetividad y perciben sus tendencias, apetitos y estados anímicos. Con esta habilidad, resuelven buena parte del problema.

Otros necesitamos «apoyo externo»; es decir, la ayuda de alguien cercano —el propio cónyuge, un buen amigo, un director o guía espiritual— para que, en un clima de confianza y caridad, nos permita ver con más luz y objetividad nuestro defecto dominante.

También podemos afinar nuestra habilidad introspectiva; basta un poco de método. Es recomendable una técnica de monitoreo personal por un espacio razonable de tiempo —dos a cuatro semanas—. Consiste en tomar nota de todas las reacciones o actitudes negativas que tengamos a lo largo de un día: enojos, frustraciones, tristezas, turbaciones, intranquilidades, etc. Y luego intentar «ponerles nombre», pues casi siempre tales reacciones tienen su raíz en alguno de los vicios o defectos que hemos descrito. Así, por ejemplo, las impaciencias y las iras suelen ser síntomas de orgullo; el desgano, la apatía y el enfado suelen acompañar a la pereza, mientras que el sentirse abandonado o no tomado suficientemente en cuenta suele ser típico de la susceptibilidad, etcétera.

Es muy útil anotar los resultados en una hoja y llevar la cuenta día a día. Antes de acostarnos, registramos los defectos que se hayan asomado a lo largo de la jornada. Al final de la semana o del mes, podremos constatar cuál ha sido el defecto más recurrente. Con mucha probabilidad, ese es nuestro defecto dominante.

Modelo de tabla para descubrir el defecto dominante

Defecto	1	2	3	4	5	6	7
Pereza		X		X	X		X
Desenfreno	X						
Lujuria				X			
Comodidad	X	X			X		
Avaricia							X
Orgullo			X				
Vanidad					X		
Autosuficiencia	X						
Susceptibilidad						X	
Rebeldía							

Los números corresponden a los días del mes o de la semana. En este caso, como puede verse, el vicio dominante es la pereza.

SUPÉRATE

(17)

Las virtudes

Victorias vitales

La conquista de nosotros mismos

Hemos hablado hasta ahora de las primeras dos partes de la tríada *conócete, acéptate, supérate*. Ya recorrimos, como por una galería, los vicios más comunes. Luego insistimos en la necesidad de descubrir nuestro defecto dominante para aceptarlo con serenidad y realismo. Ahora es preciso adentrarnos en otra galería, más luminosa y bella, que es la de las virtudes.

Las virtudes son conquistas. Son el botín de esa lenta y sufrida batalla que es vivir. «No hay mayor victoria que saber gobernarse y vencerse a sí mismo», decía el historiador francés Pierre de Bourdeille. Cuando prevalece el principio sobre el capricho, la excelencia sobre la mediocridad, la constancia sobre la volubilidad, entonces hay virtud.

Una conducta estable

Las virtudes son hábitos morales buenos que se forjan y consolidan mediante la repetición de actos; llegan a cristalizar una conducta estable, un estilo personal. Como vimos, según Aristóteles, la virtud es una *segunda naturaleza:* un modo de ser que nos brota de forma espontánea y natural. Por lo mismo, es como un ancla que nos da estabilidad frente al vaivén de los instintos y la fuerza de los arrebatos pasionales.

El modesto camino de la virtud

Las virtudes no florecen de un día para otro; requieren semanas, meses, incluso años. Quizá algunas nos resulten fáciles porque cuadran mejor con nuestra personalidad, pero normalmente exigen esfuerzo, disciplina, sacrificio y una terca obstinación. Sir Edmund Hillary fue el primero que conquistó la cima del Everest. Una cosa es segura: no pasaba casualmente por ahí; tal conquista fue soñada, planeada, preparada y ejecutada con una clara y firme determinación.

Por modestas que sean, las virtudes son de gran valor. Todos podemos, dadas ciertas circunstancias, realizar un acto heroico que llegue a ser viral en las redes sociales. Sin embargo, el camino para ser virtuosos es muy diferente. Nunca basta un acto aislado, por heroico que sea. Se requieren muchos pequeños actos de un sacrificio continuo, silencioso y tal vez desapercibido para los demás.

Por si fuera poco, ninguna virtud alcanzada queda asegurada para siempre. Parte del drama de nuestra vida está en la posibilidad siempre latente de retroceder, de bajar peldaños que ya habíamos subido.

> **Los actos que construyen la virtud no suelen ser ni grandiosos ni relumbrantes, sino callados y casi mimetizados en la monotonía de la vida cotidiana.**

Volver a empezar

Por fortuna, detrás de esos retrocesos —si no nos abandonamos a ellos— se esconde un principio clave del crecimiento personal dada nuestra tendencia a recaer en antiguas faltas: el de *volver a empezar*.

El célebre relato de Sísifo no es tan irreal como parece. Aquel personaje de la mitología griega fue condenado a empujar una pesada roca cuesta arriba para, al llegar a la cima, verla rodar cuesta abajo y tener que empezar de nuevo. Esta fábula describe con bastante precisión nuestra realidad: la piedra vuelve a caer, pero el músculo se va fortaleciendo.

Templanza y humildad

Al analizar los vicios, decíamos que la sensualidad y la soberbia son las pasiones desordenadas que dan origen a los vicios del cuerpo y del alma, respectivamente. Así también, las virtudes principales, de las que derivan otras virtudes más específicas, reciben el adjetivo de *cardinales,* el cual deriva del nombre latino *cardo,* que significa gozne o bisagra. Son las virtudes sobre las que se apoyan y giran, por así decir, las demás virtudes. En nuestro libro, siguiendo el esquema antropológico dual alma/cuerpo, tomamos solo dos de las cuatro virtudes cardinales: la templanza y la humildad.

A cada vicio se opone una virtud que, si no lo cura, al menos lo controla. A la sensualidad se opone la templanza; a la soberbia, la humildad. Dentro de la sensualidad, a la pereza se opone el trabajo; al desenfreno, la sobriedad; a la lujuria, la castidad; a la comodidad, la austeridad, y a la avaricia, la generosidad. Por lo que toca a la rama de la soberbia: al orgullo se opone la mansedumbre; a la

vanidad, la sencillez; a la autosuficiencia, la apertura; a la susceptibilidad, el altruismo, y a la rebeldía, la autenticidad.

El árbol de las virtudes

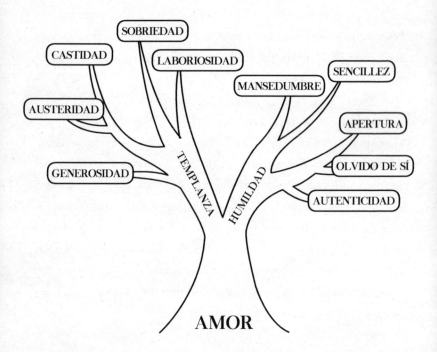

La ayuda de lo alto

Puesto que la virtud que más necesitamos es la que se opone a
nuestro defecto dominante, es también la que nos parece más difícil y desalentadora. Pero contamos con una ayuda adicional, de
potencia extraordinaria: la «ayuda de lo alto». Toda virtud es, en un

plano más espiritual, la victoria del bien sobre el mal, de la gracia sobre el pecado, del poder de Dios sobre el poder del Maligno. Dios sueña más que nosotros mismos con vernos maduros, realizados, plenos y felices. Por eso no deja de ayudarnos con su gracia en nuestro difícil y a veces doloroso crecimiento moral.

> Una virtud, por modesta que sea, vale más que un acto heroico, por grandioso que sea.

Contraposición entre vicios y virtudes

VICIO	VIRTUD
Sensualidad	**Templanza**
Pereza	Trabajo
Desenfreno	Sobriedad
Lujuria	Castidad
Comodidad	Austeridad
Avaricia	Generosidad
Soberbia	**Humildad**
Orgullo	Mansedumbre
Vanidad	Sencillez
Autosuficiencia	Apertura
Susceptibilidad	Altruismo
Rebeldía	Autenticidad

18

El trabajo

Una vida a manos llenas

Las nueve décimas del ingenio

La vida produce sus mejores vinos en la cava húmeda y oscura del trabajo. De sobra sabemos que el trabajo callado y constante es más productivo a la larga que una actividad febril solo ocasional, que cuenta más la actitud que la aptitud, y que la perseverancia llega más lejos que el talento natural. Goethe decía que la laboriosidad forma las nueve décimas partes del ingenio.

El arte del trabajo

Contraria al vicio capital de la pereza, la virtud del trabajo consiste en aplicarse con determinación, empeño y eficacia a la tarea o responsabilidad que toca afrontar en cada momento. Quizá, más que una virtud aislada, cabría hablar del «arte del trabajo» como un conjunto de actitudes y habilidades para afrontar tanto los grandes proyectos de la vida como los pequeños deberes cotidianos.

Una persona trabajadora no desperdicia: planea, organiza, ejecuta, genera, inventa, cultiva, a todo le saca jugo. El hecho de que la vida sea fugaz, las oportunidades pasen y no vuelvan, y nuestras facultades mengüen con el tiempo, lejos de desalentarla, la anima a imponer determinación, ritmo y tenacidad a todas sus tareas.

El arte del trabajo abarca una amplia gama de virtudes, como son la eficiencia, el esmero, la perseverancia, la prontitud y el orden.

Más en menos tiempo

La *eficiencia* consiste en realizar una tarea con el máximo rendimiento y el mínimo consumo de tiempo y energía. Dado que nuestro recurso más escaso suele ser el tiempo, la eficiencia podría también definirse con la frase *hacer más en menos tiempo*. Se dice fácil, pero exige grandes dosis de concentración, disciplina, sentido de lo esencial y, sobre todo, *valorar el tiempo*. Se cuenta de un hombre que, llegado el final de su vida, se ponía en una esquina a mendigar «cuartos de hora» a los transeúntes. «Nada más un cuarto de hora», les suplicaba, «de esos que usted tantas veces desperdicia cuando solo se dedica a "matar el tiempo"». Bien lo sabía ese hombre: esos cuartos de hora, hilvanados, pronto suman muchas horas. La persona eficiente se autoimpone la exigencia del cronómetro, en una sana carrera contra el tiempo, pero sin angustias; de hecho, suele ser una carrera divertida.

Hacer mejor las cosas

El acento cambia cuando pasamos de la eficiencia al *esmero*: del *hacer más* al *hacer mejor*. El esmero consiste en hacer las cosas completas, con perfección, minuciosidad y buen gusto. Los detalles definen la diferencia entre una realización mediocre y una de alta calidad, entre un trabajador mediocre y un artista. Quizá por eso se ha llegado a decir que los pequeños detalles son el pedestal de las almas grandes.

Obra comenzada, obra terminada

La *perseverancia* es la firmeza y constancia al cumplir nuestros propósitos y proyectos: *obra comenzada, obra terminada*. La perseverancia exige en ocasiones una fortaleza de ánimo poco común, presupuestar los obstáculos y afrontar las fatigas y dificultades como algo normal en cualquier empresa y, más aún, en la vida. El gran Ludwig van Beethoven —que algo sabía del tema— decía que lo que distingue a un hombre digno de llamarse así es la perseverancia en las situaciones adversas y difíciles. Él mismo, cuando terminó de dirigir por primera vez su última y más famosa sinfonía, el *Himno a la alegría*, no escuchó ni un aplauso. Solo cuando se volvió hacia el público, pudo ver a todos de pie, aplaudiendo enloquecidos. Se había quedado completamente sordo.

«Conserva el orden y el orden
te conservará a ti».
Refrán latino

Enérgico y diligente para actuar

La *prontitud* consiste en afrontar las responsabilidades y tareas con decisión y agilidad. Su principio rector pudiera enunciarse así: *prudente para decidir, enérgico y diligente para actuar*. Desde el primer momento del día, la prontitud marca un estilo personal, una manera de empezar las cosas. Una persona habituada a la prontitud no permite que el despertador suene dos veces. Pone «manos a la obra» en todas sus faenas con decisión y hasta con alegría, a fuerza de imponerse el hábito de nunca derrochar sus energías en estériles lamentos.

Cada cosa en su lugar

Un aspecto más de la virtud del trabajo es el *orden*, cuya esencia consiste en mantener *cada cosa en su lugar*: desde los artículos de uso personal en el armario hasta los compromisos y las actividades en la agenda. En un mundo de por sí frenético y caótico, el orden es un asunto de supervivencia. La antigüedad latina acuñó un refrán que hoy es más vigente que nunca: «*Serva ordinem et ordo servabit te*» (Conserva el orden y el orden te conservará a ti).

Del desgano a la motivación

Los frutos del trabajo no se hacen esperar. Quizá el primero está en sentirse motivado por el trabajo mismo. Una tarea que al comienzo pudo resultar difícil e incómoda, vencida la resistencia inicial se torna paulatinamente agradable, y en ocasiones hasta gozosa, a medida que vamos adquiriendo destreza y facilidad para ejecutarla. Por lo demás, toda resistencia vencida es una experiencia de éxito que nos da aliento y esperanza para el futuro.

El ánimo y la motivación se multiplican cuando abrimos el horizonte y situamos cualquier tarea —por insignificante que sea— en el contexto más amplio de su trascendencia. Es bien conocida aquella anécdota de los tres albañiles a quienes se les preguntó qué hacían. La tarea era la misma para los tres, pero su actitud e ilusión en el trabajo eran muy diferentes. El primero dijo: «Yo pongo ladrillos»; el segundo contestó: «Yo levanto un muro»; el tercero, en cambio, respondió con entusiasmo: «Yo construyo una catedral».

El trabajo a prueba

¿Me levanto de la cama «a la primera»? ¿Soy rigurosamente puntual?

¿Llevo una agenda definida? ¿Procuro hacer más en menos tiempo? ¿Siento que me rinde el día?

¿Mantengo el orden en mis artículos de uso personal, mi habitación y escritorio?

¿Sigo la consigna «obra comenzada, obra terminada»?

¿Prefiero el ascensor en lugar de las escaleras cuando tengo que subir al segundo o tercer piso?

¿Cuido los detalles en mi trabajo?

¿Busco un sentido de trascendencia en todo lo que hago?

19

La sobriedad

Secretos para disfrutar la vida

Qué es la sobriedad

«Todo con medida», sentencia un conocido eslogan publicitario. El equilibrio, la medida, el justo límite son un acto de sabiduría; no solo porque tarde o temprano se pagan las facturas, sino porque al afinar nuestra sensibilidad disfrutamos más los pequeños goces de la vida.

La sobriedad se define como la moderación al satisfacer nuestros apetitos corporales. No se trata de reprimirlos estoicamente, sino de aprovecharlos, encauzarlos y mantenerlos bajo control. Como ya vimos, nuestros apetitos corporales son normales y buenos, pero requieren la supervisión de nuestra inteligencia y el control de nuestra voluntad.

La ley del «tanto cuanto»

Una regla útil para fijar el justo límite al satisfacer nuestros apetitos corporales está en un sabio principio de san Ignacio de Loyola: la «ley del *tanto cuanto*». Hay que comer, beber, dormir, descansar, etc., *tanto cuanto* sea necesario para cubrir nuestras verdaderas necesidades; es decir, tanto cuanto sea *saludable*. Cualquier síntoma de exceso o sobrecarga indica que estamos ya en el terreno del desenfreno.

Saber comer

La *comida* es quizá el capítulo más común e importante de la sobriedad. Quizá nos ayude cuidar tres puntos: la cantidad, la calidad y el horario. En cuanto a la cantidad, necesitamos cubrir los requerimientos energéticos, metabólicos y estructurales de nuestro organismo. Ello exige variedad y no solo comer lo que nos gusta. Es muy sabio aplicar en esto la famosa proporción 80/20: mientras comamos al menos 80% de alimentos nutritivos —«lo que necesitamos»—, el 20% restante puede ser «lo que nos gusta». Por otra parte, los expertos suelen recomendar las comidas ligeras, aunque más frecuentes, y evitar las comidas abundantes. En última instancia, no es mala idea quedarse con *un poco de hambre* habitualmente.

En cuanto al horario, desayunar, comer y cenar a una hora fija es mucho más que un buen hábito; es una manera inteligente de articular el día, de ponerle estructura. Y nada mejor para el estómago que darle de comer a sus horas.

Tomarse la medida

Tomar bebidas alcohólicas no es malo en sí. De hecho, algunas bebidas alcohólicas pueden tener un efecto saludable. Según un estudio de la Clínica Mayo, el vino tinto, bebido con moderación, ayuda a reducir los niveles del colesterol «malo» gracias a un antioxidante llamado resveratrol. La clave es aprender a beber, y esto consiste en no solo *tomar con medida*, sino en *tomarse la medida*. Cada uno de nosotros tiene un umbral de tolerancia al alcohol que depende de su constitución física, temperamento y, según algunos estudios, hasta predisposición genética. Lo importante es reconocer nuestro propio umbral de tolerancia (cuando «se nos empieza a subir») y no traspasarlo, sin importar cuánto tomen los demás y sin dejarnos arrastrar por la presión social.

La *adicción a las drogas* es un tema más complejo y requiere un tratamiento especial, que rebasa los límites de este libro. En cualquier caso, cabe decir que una actitud de sobriedad en todos los sectores de nuestra vida es la mejor manera de prevenir este trágico vicio.

Un estilo de vida

Porque la sobriedad es, en definitiva, un estilo de vida. Más que privarse de este o aquel gusto o capricho, es una disposición interior que nos hace capaces de disfrutarlo todo con moderación. Entonces, la moderación se vuelve placentera y experimentamos una sensación de inigualable libertad. Quienes somos cristianos sabemos que Jesús supo valorar, apreciar, disfrutar y compartir los gustos legítimos que le ofrecía el mundo de entonces. Baste recordar que él mismo propició la alegría en una boda convirtiendo el agua en vino; seguramente, el mejor vino de la historia.

El control de nuestros apetitos corporales —con frecuencia difícil y austero— agudiza, por contrapartida, nuestras facultades sensoriales. Todos hemos experimentado seguramente que al privarnos de un gusto por cierto tiempo, nuestros sentidos se vuelven más sensibles y capaces de disfrutar. Esta es una de las recompensas legítimas de una vida sobria. Porque, como decía el compositor

Richard Wagner, el placer no está en las cosas, sino en nosotros mismos. Todo esto es lo contrario del desenfreno, cuyo efecto satura nuestros sentidos y los desensibiliza, exigiendo estímulos cada vez más intensos para lograr la misma sensación.

Al afinar nuestra sensibilidad disfrutamos más los pequeños goces de la vida.

Sobriedad y solidaridad

La sobriedad tiene que ver, finalmente, con la solidaridad y la compasión. Al privarnos de ciertos gustos nos hacemos más sensibles a las carencias y necesidades de los demás. Un buen amigo me contó que pasaba unos días de vacaciones con su esposa y sus tres hijos en un destino turístico. Al entrar en un restaurante, sin que ellos se dieran cuenta, un niño pordiosero se puso en la fila detrás de sus hijos. Ya venía un mesero muy irritado a correr al niño cuando mi amigo miró hacia atrás y se percató de la situación. Conmovido, frenó en seco al mesero diciéndole: «¡Viene con nosotros!».

El mesero no podía ocultar su enojo. Conocía bien a aquel «escuincle» que se filtraba al restaurante para pedir limosna. Mi amigo se impuso y sentó al niño con su familia, animándolo a ordenar lo que quisiera. A media comida, su esposa se percató de que el niño dejaba de lado la mitad en el plato. Al preguntarle si no tenía hambre, el niño respondió: «Es que afuera están mi mamá y mis hermanos, y quiero llevarles algo de comer». Más conmovidos aún, llamaron de nuevo al mesero y le pidieron otras tantas órdenes para llevar.

Una sensibilidad así no se improvisa. A veces es preciso haber sentido algo de hambre, algo de frío, algo de necesidad para poder conectar con el hambre, el frío y la necesidad de los demás. En este sentido, la generosidad es un fruto maduro de la sobriedad.

....

Más que privarse de este o aquel gusto o capricho, la sobriedad es una disposición interior para disfrutarlo todo con moderación.

....

La sobriedad a prueba

¿He hecho de la sobriedad un «estilo de vida»?

¿He aprendido a disfrutar con moderación los legíti-mos goces de la vida?

¿Sigo la ley del «tanto cuanto» al satisfacer mis necesi-dades corporales?

¿Suelo gozar la libertad de no sentirme esclavo de nin-gún apetito corporal?

¿En la comida y la bebida, prefiero «menos que más»?

¿Cuido mis horas de sueño para dormir todo y solo el tiempo que realmente necesito?

¿Soy generoso al compartir, también cuando ello pueda imponerme pasar algo de necesidad?

(20)

La castidad

El arte de vivir la sexualidad

¿Castidad? ¡Imposible!

La castidad es una virtud quizá muy poco valorada. Tal vez porque muchos creen que se trata, en definitiva, de renunciar al placer sexual por motivos generalmente religiosos. Y vaya que tal renuncia supone un esfuerzo muy cuesta arriba en un mundo sobresaturado de erotismo. Recuerdo una comedia cinematográfica en la que varios jóvenes cruzaron apuestas sobre la posibilidad de hacer una cuarentena de abstinencia sexual, dando por descontado que resultaría casi imposible. Una rápida secuencia de imágenes mostraba a continuación innumerables anuncios lascivos, personas vestidas provocativamente, centros de espectáculos eróticos, que todo el tiempo ponían a prueba la decisión y la apuesta que estaba en juego entre los personajes de la película.

La salvaguarda del amor

Vista así, como mera continencia del impulso sexual, la castidad puede parecer una virtud represiva, por decir lo menos. Sin embargo, la verdadera virtud de la castidad tiene su origen en una visión muy positiva de la sexualidad, aunque también realista, que consiste en vivir nuestra sexualidad como una alta expresión de amor. La castidad es, en cierto modo, la salvaguarda del amor y, por ende, de la auténtica sexualidad. Sin ella, nuestra sexualidad corre el riesgo de devaluarse, de resquebrajarse, de ser tomada como leña —demasiado fina y costosa— para alimentar el fuego de nuestra lujuria.

La castidad no es, por tanto, una represión antinatural ni un ideal inalcanzable. Como ya hemos visto, como seres humanos fuimos diseñados para amar, y por eso precisamente somos *sexuados*. De hecho, no solo nuestro cuerpo es sexuado, también nuestra sensibilidad, nuestro mundo emotivo y hasta nuestra mente. La sexualidad nos habilita para donar todo nuestro ser a otra persona en la más íntima de las uniones posibles.

¡La sexualidad hay que vivirla!

Obviamente, hay diferentes maneras de vivir la sexualidad, según nuestro estado de vida. Las personas casadas la viven en el marco de una comunidad de vida y amor. La castidad matrimonial no exige, como algunos creen, que los esposos se abstengan de sus relaciones íntimas a menos que sea para procrear hijos. En oposición a ciertas concepciones filosóficas y espirituales que consideran el cuerpo y la sexualidad como algo malo, el cristianismo defiende el alto valor de la sexualidad en el matrimonio como una manera gozosa en que los esposos se expresan su amor.

....

La sexualidad nos habilita para la donación total de nuestro ser y para la unión interpersonal, hasta la más íntima de las uniones posibles.

....

También las personas solteras o célibes están llamadas a vivir su sexualidad a partir de otras expresiones, como sería la manera propia de comunicarse con los demás, de ayudarlos, protegerlos, sostenerlos y acogerlos. En una sola frase, de amar a los demás.

Una batalla interior

Según hemos dicho también, como consecuencia del pecado original, nuestra sexualidad quedó inclinada al deseo desordenado del placer venéreo —inclinación que suele llamarse *concupiscencia*—. La virtud de la castidad consiste también en esa lucha interior contra nuestras pasiones carnales y las provocaciones del ambiente. Es cierto que tal batalla llega a ser a veces muy ardua, tanto que muchos la dan por perdida. La victoria, sin embargo, es posible.

Saber «torear»

Además de fuerza de voluntad —que ciertamente es importante—, para triunfar en este campo se requiere inteligencia y estrategia. Conviene saber, en primer lugar, que la lujuria no se combate «de frente», luchando directamente contra ella, sino «toreándola» y no prestándole demasiada atención. En este sentido, los escrúpulos no ayudan. Una persona escrupulosa estará continuamente pensando si ya cayó en la tentación, aunque solo sea en su pensamiento. Pero de este modo no hace más que concentrarse en ella. La lujuria es un tipo de tentación que quiere llamar nuestra atención: «¡Aquí estoy, hazme caso!». Y no hay nada mejor que no hacerle caso. Y si arremete de nuevo, le damos otro capotazo… tarde o temprano se cansará y se irá.

> Más que fuerza de voluntad, la castidad
> requiere inteligencia y estrategia.

Evitar las ocasiones

En segundo lugar, conscientes de que la carne es débil, conviene evitar «las ocasiones». Un poco de prudencia puede ayudarnos a adivinar qué lugares, qué medios, qué entretenimientos pueden ponernos más en la tentación. Es verdad que «no podemos bajarnos del planeta», como suelo decir a algunas personas, pero podemos aprender a convivir serena y prudentemente con nuestro mundo tal como es, con todo lo luminoso y bueno que tiene, y también con las sombras y tentaciones que ofrece. Y obviamente podemos también hacer lo propio para contribuir a un ambiente cada vez más sano y propicio a la virtud.

> La castidad es la salvaguarda del amor.

El buen uso del tiempo

Otro medio útil para vivir nuestra castidad es tener una agenda equilibrada. La ociosidad es la madre de todos los vicios, lo sabemos, pero quizá su hija predilecta sea la lujuria. Además de nuestras ocupaciones habituales, conviene incluir en nuestra agenda una buena dosis de deporte semanal, salidas al campo o a la montaña, así como uno o varios pasatiempos o *hobbies* para nuestro sano entretenimiento y descanso. Todo ello no solo nos ayuda a descansar, sino también a «ventilar» nuestro interior con aire puro.

Vigilar y orar

Los creyentes contamos, además, con otros medios que pudiéramos llamar «sobrenaturales», como son el cultivo de nuestra vida espiritual y una sana *ascesis*. Esta palabra, que deriva del griego, significa literalmente «ejercicio» y se aplica a todas aquellas prácticas que nos ayudan a robustecer nuestro espíritu. Jesucristo dijo en cierta ocasión que debemos vigilar y orar para no caer en la tentación.[20] Vigilar significa estar atentos y evitar peligros innecesarios, como ya hemos dicho. Por otra parte, la oración es nuestra gran vía de acceso a Dios para pedirle sabiduría, prudencia y ayuda para librar mejor nuestras batallas.

Mentalidad de victoria

Por último, ayuda mucho fraguar una mentalidad de victoria. A veces pensamos que ya hemos caído cuando en realidad seguimos en la lucha. La mentalidad de victoria va de la mano de una actitud madura y serena, pues el nerviosismo no ayuda, recordando lo que también dice la Biblia: «Dios no permitirá que seáis tentados más allá de vuestras fuerzas».[21]

Una forma de mirar

El pudor es primo hermano de la castidad. Para muchos, quizá demasiado acostumbrados a la permisividad campante, el pudor puede tener un sabor medieval. Nuestra sociedad, sin embargo, con 21 siglos de edad, no acaba de madurar y se deja impresionar fácilmente por la fuerza seductora de lo erótico. Si no fuera así, la industria del sexo estaría en bancarrota. El pudor es un recato natural que protege nuestra intimidad de las miradas o actitudes inapropiadas. Pero no es solo una forma de vestir, es también una forma de mirar, con admiración y respeto, nuestro cuerpo y el de los demás. «El pudor es la epidermis del alma», decía Victor Hugo. Su cometido no solo es proteger nuestro cuerpo, sino también nuestro espíritu.

La castidad a prueba

¿Tengo un concepto positivo de la castidad como el «mejor modo» de vivir mi sexualidad?

¿Sé aprovechar los diferentes medios (internet, televisión, prensa, etc.) evitando prudentemente sus peligros?

¿Trato y miro a todas las personas con consideración y respeto?

¿Suelo enfocar mi pensamiento, memoria e imaginación en ideas positivas y provechosas?

¿Organizo bien mi tiempo y suelo mantenerme ocupado?

¿Tengo una rutina de deporte y sano esparcimiento?

¿He aprendido a disfrutar la naturaleza?

¿Suelo cuidar el pudor en mi forma de vestir?

(21)

La austeridad

Reeducando el alma a través del cuerpo

Caprichos de la fortuna

La vida no nos trata a todos por igual. Unos llegan al mundo arropados con las mejores galas. Otros —la mayoría— nacemos en situaciones más precarias. Luego, la misma vida parece trazar sendas divergentes creando caprichosas diferencias entre sanos y enfermos, ricos y pobres, exitosos y perdedores.

La austeridad es una virtud valiosa para todos, pues todos necesitamos echar mano de ella para afrontar con serenidad y buen ánimo las incomodidades normales de la vida.

Gozar más con menos

La austeridad tiene que ver con el uso racional y moderado de los bienes materiales, y aunque, según el diccionario, reviste una cierta severidad, quizá sea la forma más inteligente de disfrutar la vida. Por eso, un primer rasgo de la austeridad es la *alegría*. La austeridad nos permite gozar y agradecer lo que tenemos: mucho o poco.

La austeridad se hermana en esto con la *gratitud* y confirma lo que dice el sentido común: no es más rico el que más tiene, sino el que menos necesita.

Un grupo de seminaristas en Roma pasaba unos días de descanso en una pequeña bahía al sur de Nápoles. Sin más recursos que el mar y unas sandías, cruzaban a nado hasta una isleta y se divertían a lo grande ante no pocas miradas perplejas. Un hombre, a bordo de un lujoso yate, se arrojó al mar y nadó hasta ellos para preguntarles cómo hacían para estar tan contentos. Él ya no sabía qué hacer con su hijo de 17 años que estaba en aquel mismo yate sumido en un aburrimiento mortal. Quizá la respuesta era que la austeridad es el arte de aprender a *gozar más con menos*.

Los niños son excelentes aprendices en esta materia, si se les da la oportunidad. Se divierten con lo que sea. Una pelota de trapo o un palo de escoba bastan para vivir una aventura. Por eso, atiborrarlos de juguetes es un grave error, al privarlos del don más divertido que la naturaleza quiso regalarles: su imaginación. Lo mismo ocurre con los jóvenes: cuanto más sofisticada tenga que ser su diversión, más rondará por ahí el aburrimiento.

> La austeridad es el arte de aprender
> a gozar más con menos.

Crecer ante la dificultad

Un segundo rasgo de la austeridad es la capacidad de *soportar* las inclemencias de la vida, en cualquiera de sus formas: el frío o el calor, la lluvia o el sol, las exigencias de un trabajo duro, la carestía, etc. Con una actitud así, las dificultades nos parecen «gajes del oficio» que ya no nos sorprenden ni, mucho menos, nos descorazonan. Más aún, con frecuencia las mismas dificultades hacen que nuestro corazón «se crezca» y llene de pasión. Fue muy conmovedor en este sentido el caso del primer buzo de color entre los *marines* de Estados Unidos, llevado a la pantalla en la película *Hombres de honor*. El «cocinerito», que llegó a ser héroe nacional, se templó en la escuela del desprecio, las humillaciones, las pruebas y, por supuesto, las inclemencias del mar. La hazaña le costó una pierna. Pero para él todo quedaba justificado: era una *cuestión de honor*.

Privilegios de la austeridad

La austeridad es un rasgo típico de los espíritus valientes y aventureros. No se resignan a que la comodidad les ponga límites. Ellos van más lejos, suben más alto, bajan más hondo, aunque suponga grandes sacrificios. Por eso mismo, las personas austeras gozan de ciertos privilegios que la naturaleza reserva a quienes están dispuestos a pagar el precio de la incomodidad y el sufrimiento. Lograr una medalla o conquistar un récord, o contemplar un amanecer desde la cima de una montaña son solo algunos ejemplos.

Cómo curarse el aburrimiento

Otro efecto saludable de la austeridad es que *purifica y libera nuestra sensibilidad*. «La abundancia empobrece», decía el poeta Ovidio. La comodidad cansa y termina por echar a andar un tren cargado de aburrimiento. La austeridad, en cambio, despierta y afina la sensibilidad. Igual que la sobriedad, la austeridad nos predispone a disfrutar aún más los pequeños goces de la vida cuando nos hemos privado voluntariamente de ellos por algún tiempo.

Las personas austeras gozan de ciertos privilegios que la naturaleza reserva a quienes están dispuestos a pagar el precio de la incomodidad y el sufrimiento.

Una actitud «todo terreno»

Otro fruto de la austeridad es la *adaptabilidad*. Al hacernos enemigos de lo superfluo, la austeridad nos permite vivir «a nuestras anchas» con lo necesario; y si eso nos falta, siempre encontramos algún motivo para estar contentos. Ni nos complicamos ni les complicamos la vida a los demás con quejas inútiles. Reconocemos, como sugería Pío Baroja, que la abnegación vale más que la amargura.

La austeridad nos permite disfrutar todos los sabores de la vida: gozar el sol y la lluvia, aceptar la abundancia y la escasez, descansar en una confortable cama *king* o acurrucarnos en un desvencijado camastro, hospedarnos en un hotel cinco estrellas o acomodarnos en una bolsa de dormir. Con mucha razón escribía el dramaturgo estadounidense Arthur Miller: «La vida es como una nuez. No puede cascarse entre almohadones de plumas».

Hace algunos años, siendo todavía seminarista, coincidí en mi visita a casa con uno de mis tíos y su esposa. Mis papás les cedieron su recámara y ocuparon la mía, entonces vacía. Cuando llegué, traté de convencer a mis papás de que yo durmiera en el sofá de la sala, pero no cedieron. Con casi 70 años, se pasaron a la sala y me obligaron a ocupar mi antigua recámara. Los sofás de la sala no eran ciertamente el mejor colchón para su edad, pero prefirieron pagar el precio de esa incomodidad —«de mil amores»— con tal de ofrecerme el mejor alojamiento posible.

> Las limitaciones materiales despiertan
> los gustos del espíritu.

El gusto de los «gustos baratos»

La austeridad, finalmente, nos ayuda a rescatar antiguas fuentes de felicidad. Hace unos meses un empresario cafetalero nos comentó que sus plantas habían pasado la peor sequía en 30 años, pero dieron el mejor café. Y nos explicaba: «Las plantas, en tiempos de sequía, se acuerdan de sus raíces». La austeridad, tal vez después de un tiempo de bonanza, nos ayuda a redescubrir el gozo de la sencillez, de la sobriedad, de los «gustos baratos». Se diría también que las limitaciones materiales nos despiertan los gustos del espíritu al recordarnos, como dice la Biblia, que «no solo de pan vive el hombre».[22] Tales limitaciones quizá no sean más que el preludio de una nueva etapa de crecimiento espiritual. Porque, como bien escribe Jacques Philippe: «El alma se reeduca a menudo por el cuerpo». Y más cuando ese cuerpo está siendo reeducado, a su vez, por una exigente pero gratificante maestra como la austeridad.

La austeridad a prueba

¿Agradezco y disfruto habitualmente lo que tengo sin fijarme demasiado en lo que no tengo?

¿Suelo evitar lo superfluo en mi casa, oficina y esparcimiento?

¿Tengo solo lo necesario en mi guardarropa? ¿He caído en la trampa del consumismo?

¿Sigo en cierta medida la consigna de educar a mis hijos con «un poco de hambre y un poco de frío», como sugería Confucio?

¿Salgo a acampar en alguna ocasión?

¿Evito quejarme del frío, el calor, la lluvia o el sol?

¿Me privo a veces de alguna comodidad para redescubrir el gozo de tenerla de nuevo?

La generosidad

Un corazón con manos

Una ración de generosidad

La generosidad es un privilegio y encanto de las almas grandes. Las personas generosas cautivan, contagian, inspiran y dejan huellas indelebles en los corazones. Se cuenta de un niño pequeño —aún no sabía leer— que gastaba invariablemente su «domingo» comprando el periódico que otro niño vendía en una esquina próxima. Su padre le preguntó: «¿Por qué no compras mejor dulces o chocolates?». Su hijo le respondió: «Compro el periódico para que ese niño tenga qué comer».

La generosidad consiste en desprendernos de nuestros bienes a favor de los demás. Nunca falta quién llame a nuestra puerta para mendigar un pan, un apoyo económico, un gesto de aprobación, una sonrisa, una caricia, un cuarto de hora, un perdón…; en definitiva, una ración de generosidad. Y muchas veces, lamentablemente, nuestra respuesta depende del momento, del ánimo, del humor que tengamos. No debería ser así. El corazón generoso nunca tiene puesto el pasador y está dispuesto a dar lo que puede y, a menudo, un poco más.

El rostro del amor

Claro está, la generosidad no se improvisa. El *desprendimiento efectivo* exige uno previo: el *desprendimiento afectivo*. Solo un corazón desprendido de sí mismo y de sus cosas está dispuesto a dejarse despojar. Y no hay que olvidar, por otro lado, que Dios es la fuente inagotable de toda generosidad; porque Él es Amor, y el Amor —enseña santo Tomás de Aquino— se difunde por sí mismo: su esencia es dar. En este sentido, cuando somos generosos revelamos a los demás el mismísimo rostro de Dios-Amor, su Presencia viva y operante en nuestras fibras más profundas.

Compartir

Más que un superávit de bienes materiales, la generosidad requiere un superávit de amor. No consiste en dar lo que nos sobra, sino en compartir también aquello que necesitamos. Recuerdo a una vendedora de golosinas que se acercó a la ventana del coche mientras yo aguardaba en la fila para cargar gasolina. Cuando abrí la ventanilla, se percató de mi distintivo sacerdotal. «¡Ah, usted es padrecito!», me dijo con un tono entre cariñoso y respetuoso. «¡Tome uno, por favor! Yo le quiero ayudar». Conmovido, le acepté un paquetito de cacahuates tostados estilo japonés que por ahí conservo como prenda de su generosidad, y así no dejo de pedir por ella y su familia.

Solo un corazón desprendido de sí mismo y de sus cosas está dispuesto a dejarse despojar.

Una gota menos de amargura

Hay personas que no creen en la generosidad. Piensan que el mundo no se va a arreglar con caridades, sino con transformaciones más profundas, estructurales. Y quizá tienen razón: se requieren cambios de fondo en la organización económica y social para que globalmente haya menos hambre y pobreza material. Pero también es cierto que, como testimoniaba la Madre Teresa de Calcuta, por cada gota de dulzura que alguien da, hay una gota menos de amargura en el mundo.

Mano a mano

Afortunadamente existen muchas instituciones que se dedican a canalizar las ayudas y asegurar que sean bien utilizadas. Es muy alentador constatar el florecimiento de tantas iniciativas y fundaciones de carácter social o religioso cuyo fin es aliviar las necesidades de quienes menos tienen. Sin duda, al participar y colaborar con estas formas de caridad institucional vivimos la generosidad de una manera muy eficaz. Sin embargo, no hay que olvidar el valor de la ayuda directa, personal, cara a cara y mano a mano, siempre que sea posible, dándole así un rostro concreto y cálido a nuestra caridad.

Un pan entregado con amor puede alimentar mucho más que 100 panes dados con frialdad.

Más que un superávit de bienes materiales,
la generosidad supone un superávit de amor.

Más allá del pan

La auténtica generosidad *trasciende el orden material*. Tiene por objeto todas las formas de indigencia de un ser humano. Hay quienes necesitan *comprensión* y piden su limosna a nuestro bien pensar. Otros necesitan alimentar su empobrecida *fama* y piden migajas de *benedicencia* a nuestra lengua, es decir, «hablar bien» de ellos. Otros necesitan *reconciliación* y piden a gritos nuestro perdón y una nueva oportunidad. Y a propósito del perdón, es el *don más grande* que podemos ofrecer en ocasiones, el que entraña más gratuidad y generosidad. A él le he dedicado un libro entero: *Viviendo el perdón: de la verdad del perdón al perdón de verdad.* Espero que ayude al lector a comprender mejor este gran tema que a todos nos atañe.

La generosidad se paga sola

Quizá el fruto más inmediato de la generosidad sea el *gozo interior*. En cierta ocasión, un hombre me confesó: «Soy tan egoísta que prefiero ser generoso: solo así me siento feliz». Esto es otra manera de decir que la generosidad se paga sola. No necesita recompensas. «Solo es feliz aquel que es dadivoso», decía el gran Goethe. Aun así, la generosidad tiene siempre un efecto búmeran: tarde o temprano se nos revierte; la estela de gratitud que deja tras de sí orienta al amor cuando viene de regreso.

Caras vemos...

Hace tiempo se me acercó un señor con aspecto de pordiosero en una iglesia. Hacía frío, pero él solo vestía una camiseta muy deteriorada, pantalones y sandalias. Lo curioso fue que, en lugar de pedirme dinero, me invitó a desayunar en un restaurante. Al inicio pensé que bromeaba o que no estaba en sus cabales. Pero él insistió cortésmente y me dijo que estaría ahí esperándome. Media hora más tarde —no sin antes haber desayunado— entré al restaurante, más que nada llevado por la curiosidad. Efectivamente, el señor estaba ahí, ante una mesa bien servida y ahora en compañía de una mujer que a leguas parecía de la alta sociedad. ¡Era su esposa! Me invitó a sentarme y me contó su historia. Empresario exitoso, dueño de dos grandes fábricas de comida enlatada, vestía de pobre hasta la hora del desayuno y pasaba algo de frío para recordar sus raíces y mantener desprendido su corazón. De joven sufrió mucho, pero nunca se rindió. Con gran talento y tenacidad, emprendió su negocio y le fue bastante bien. Al terminar, me firmó un cheque —bastante generoso, por cierto— en apoyo de nuestro seminario. Con el tiempo supe que ese mismo señor sostenía habitualmente más de media docena de instituciones de beneficencia.

«Caras vemos, corazones no sabemos», dice el refrán. Así pasa también con la generosidad, se esconde en donde menos nos imaginamos. Pero cuando sale a la superficie, desvela la verdadera grandeza de una persona.

«Por cada gota de dulzura que alguien da, hay
una gota menos de amargura en el mundo».
Madre Teresa de Calcuta

La generosidad a prueba

¿Percibo con facilidad las necesidades de los demás?

¿Tengo puesto el «pasador» en mi corazón y declino fácilmente las peticiones de los demás?

¿Tengo el propósito de hacer al menos un acto de generosidad al día?

¿Brindo apoyo a los más necesitados a través de alguna organización de ayuda institucional?

¿Dedico tiempo a alguna labor asistencial, voluntariado, etcétera?

Si no puedo ayudar materialmente a una persona, ¿le brindo al menos un trato respetuoso y cordial?

¿Creo en la eficacia de la caridad, aunque no sea más que para remediar alguna necesidad muy particular?

(23)

La mansedumbre

Virtud de sabios

«Aprendan de mí»

Para los cristianos, Jesús es el más alto modelo de las virtudes humanas, encarnándolas todas en un grado sumo y perfecto. Sin embargo, en su enseñanza nos pidió que lo imitáramos en una sola virtud, cuando dijo: «Aprendan de mí que soy manso y humilde de corazón».[23]

La mansedumbre es una virtud típicamente antiegoísmo. Este, como vimos, introdujo en nosotros el desequilibrio y la ruptura en todas nuestras relaciones: con Dios, con los demás, con nosotros mismos y con el mundo creado. Específicamente, la mansedumbre contrasta el vicio del orgullo y sus actitudes de superioridad e impaciencia ante los demás.

La mansedumbre es, quizá, el rostro más visible de la humildad. Es una actitud relajada, pacífica y serena que brota de la aceptación de nosotros mismos y de los demás. La mansedumbre nos depara un gran sosiego interior y nos permite navegar por la vida con esa serena *tranquilidad del orden* que es propia de la paz, según la definición de san Agustín.

Una virtud valiente

La mansedumbre no tiene nada que ver con una *actitud pasiva*, débil, de resignada sumisión, ni tampoco con una mera «paz de compromiso». Más bien es el fruto de un corazón valiente, que tiene el coraje de enfrentar y doblegar su propia ira. Solo podemos alcanzar la paz después de haber vencido nuestro egoísmo, con sus impaciencias, rabietas y otras explosiones irascibles.

La mansedumbre, como las demás virtudes, tiene también muchas caras. Una de ellas es la *bondad*, que nada tiene que ver con la falta de carácter o una personalidad «apocada».

> **La bondad llega a ser una virtud heroica,
> con matices de hierro, escondida bajo
> el manto de una «benignidad natural».**

El Papa Juan XXIII, a quien todo el mundo llamaba «el Papa bueno» por su célebre benignidad, en cierta ocasión le reveló a su confesor este secreto: «Yo creo que la bondad no es una cualidad innata de algunos corazones, sino el salario por el duro trabajo que se hace aquí dentro», decía señalando su corazón.

Más allá de la «buena educación»

La *afabilidad* es un matiz de la bondad, cuyas características son el trato cortés, el semblante amable, la mirada serena, la sonrisa franca, el gesto cálido. Quizá para muchos todo esto no es más que «buena educación». La afabilidad es más que eso, pues brota de una actitud humilde, mansa, de sincero respeto y aprecio hacia los demás.

Un aspecto más de la mansedumbre es la *empatía*. Etimológicamente significa «entrar» en el sufrimiento (en griego, *pathos*) del otro. Coloquialmente solemos decir: «Ponerse en sus zapatos». La empatía nos hace comprensivos, pacientes y compasivos. Intuimos lo que nuestro prójimo puede estar sufriendo o cargando en su interior, y evitamos lastimarlo, herirlo o importunarlo. Y cuando tenemos el deber de corregirlo, escogemos el modo y el momento, las palabras y los gestos más adecuados según su estado de ánimo.

Suave en la forma, firme en el fondo

El *leitmotiv* de la mansedumbre es *servir* siempre y en todas las formas en que sea posible. Si poseemos dotes naturales de liderazgo, los empleamos para ayudar, guiar, sostener y motivar, no para ejercer un liderazgo «bonachón», que busca el aprecio y la alabanza, sino un liderazgo exigente en el fondo, pero cuidadoso en las formas y con una visión inquebrantablemente optimista de los demás. Reza al respecto un sabio adagio latino: «*Suaviter in forma, fortiter in re*» (Suave en la forma, firme en el fondo).

«Me parece bien»

Un aspecto más de la mansedumbre es la *paciencia*. Esta virtud podría definirse como la capacidad para sobrellevar sin alterarnos los errores y las limitaciones de los demás. La paciencia se refleja, sobre todo, en nuestra reacción ante quien pudiera importunarnos o irritarnos con su imprudencia, impuntualidad, necedad, lentitud, etc. Si somos mansos, reaccionaremos así: mansamente, sin acalorarnos ni airarnos.

La mansedumbre nos ayuda a perdonar porque nos aporta un insumo básico del proceso del perdón, que es la aceptación.

La mansedumbre suele ser el «eslabón perdido» en el proceso del *perdón*.

La mansedumbre, en sí, no nos sana las heridas, pero nos predispone al poder curativo de la *aceptación*, que supone reconciliarnos con la realidad; con esas heridas y situaciones que no podemos cambiar, sino solo asimilar y digerir.

En el fondo, al desprendernos de nosotros mismos, la mansedumbre pone nuestro «centro» por encima y más allá de nosotros mismos, hasta tal punto que el bienestar de los demás llega a importarnos tanto o más que el nuestro. Tal actitud esconde una profunda libertad interior que nos permite afrontar la vida y sus vicisitudes con un continuo «me parece bien».

La mansedumbre a prueba

¿Procuro mantener un rostro sereno y afable en toda circunstancia?

¿Soy cuidadoso en mis palabras y gestos para no herir a los demás?

¿Me mantengo sereno cuando tengo que corregir a alguien?

¿Sobrellevo con paciencia los errores de los demás?

¿Perdono con facilidad?

¿Ejerzo mi liderazgo o autoridad con suavidad y firmeza al mismo tiempo?

¿Suelo responder a los demás: «Me parece bien»?

(24)

La sencillez

O el encanto de la simplicidad

Un corazón sin doblez

La sencillez es una perla preciosa con un poder encantador. Si la vanidad repele, la sencillez atrae y cautiva a todo el mundo. Su concepto evoca simplicidad, transparencia, candor, un corazón sin doblez; todo lo contrario de la complicación, el rebuscamiento y la afectación. La sencillez crea personalidades desenvueltas, espontáneas, sin miedos ni complejos.

Siendo sencillos, contrastamos toda forma de arrogancia y presunción, y aunque hayamos sido bendecidos con talentos y cualidades sobresalientes, los desarrollamos y utilizamos como si fueran «normales»; camuflamos todo lo que hacemos, por extraordinario que sea, bajo la piel de lo ordinario. La presunción va en dirección contraria: todo lo que hace, por ordinario que sea, quiere que parezca extraordinario.

No han faltado grandes personalidades en la historia que han brillado especialmente por su sencillez, con ese mágico encanto de aparentar ser «poca cosa». Recuerdo en particular a Juan Pablo I, «el Papa de la sonrisa» —como se le llamó—, quien atrajo inmediatamente la atención del mundo por su sencillez personal. Su papado duró solo 33 días —uno de los más breves en la historia de la Iglesia católica—, pero su sencillez dejó una huella profunda en muchos corazones.

Transparencia

La sencillez nos ayuda a ser muy *transparentes*, a mostrarnos como somos sin pretensiones, a no usar máscaras ni disfraces, ni aparentar lo que no somos. La sencillez nos permite movernos siempre en el terreno de la verdad y nos ubica en *nuestra realidad*. La sencillez, además, nos lleva a *reconocer nuestros errores* abiertamente y sin justificaciones, con la madurez de quien sabe que errar es humano, y que en la vida solemos aprender más de los errores que de los aciertos. Todos sabemos, además, que por intentar silenciar un primer error terminamos cometiendo otros más graves.

_____

**La sencillez rompe, desde el primer
eslabón, esa «cadena de errores».**

_____

La paradoja de la sencillez

La sencillez, paradójicamente, nos inculca un alto sentido de nuestra *dignidad personal*. La humildad nos hace sentir seguros y contentos con nosotros mismos. No necesitamos «arrastrarnos» ni asumir posturas serviles para granjearnos unas palmaditas o un agradecimiento. Además, nos vuelve refractarios a los sentimientos de inferioridad y, en general, a cualquier *complejo*. Reconocemos con objetividad nuestro valor y competencia sin compararnos con los demás, ni sentirnos más ni menos. Incluso disfrutamos al exaltar y destacar las cualidades ajenas. El hablar bien de los demás llega a ser un gozoso entretenimiento.

La ingenuidad inteligente

El candor es otro privilegio de la sencillez. Se trata de una especie de «ingenuidad inteligente» o inocencia voluntaria, por la que preferimos equivocarnos pensando bien de los demás antes que endosarles malas intenciones. En el fondo, es una opción de vida por un clima de serenidad y no de aprensión, de tranquilidad y no de preocupación, de confianza en los demás y no de perpetua sospecha, siempre que no nos den motivo para ello.

Este mismo candor nos vacuna contra el temor a «quedar mal», y tal vez por eso rara vez quedamos mal. Si tenemos que exponernos a la burla, nos exponemos sin miedo al ridículo, que ni nos inhibe ni nos paraliza. El ridículo —ahora lo sabemos— puede ser un buen antídoto contra la vanidad y el respeto humano, que es el temor al «qué dirán».

Libertad interior

Todo esto nos permite gozar de una profunda *libertad interior*. Conociéndonos, aceptándonos y haciendo lo posible por superarnos, evitamos al mismo tiempo las aspiraciones imposibles y los sueños irrealizables. La sencillez nos hace realistas a la hora de medir nuestros límites y posibilidades, y así nos ahorramos también no pocas frustraciones. Ante las adversidades, reaccionamos sin dramatismos ni aspavientos, ponderándolas para ponerlas en su contexto y actuar con prudencia y naturalidad, conscientes de que son parte de la vida.

Si nuestro carácter es un tanto tímido o inhibido por naturaleza, no desaprovechamos las oportunidades para desenvolvernos un poco. Tal vez una reunión de amigos sea la ocasión para narrar una anécdota, comentar algo o contar un chiste. Aunque al inicio podamos sentirnos inseguros o «acartonados», el ejercicio nos premiará a la postre con más seguridad y confianza.

Allanarnos la existencia

La sencillez nos hace huir de la complicación. San Lorenzo Giustiniani solía decir que en lo complicado siempre está la pezuña del diablo. Con un lenguaje más actual, el fundador de Apple, Steve Jobs, solía decir que el culmen de la sofisticación es la simplicidad. No estaba muy errado el afamado inventor. Dios mismo es la simplicidad absoluta. Tal vez deberíamos sacar la raíz cuadrada de nuestras preocupaciones para simplificarlas.

**Una mirada más sencilla a nuestra
vida será siempre una buena manera
de allanarnos la existencia.**

La sencillez a prueba

¿Venzo mi resistencia a actuar cuando corro el riesgo de quedar mal?

¿Me siento seguro y satisfecho conmigo mismo?

¿Soy transparente, espontáneo y abierto?

¿Pienso siempre bien de los demás, evitando la sospecha y desconfianza si no hay motivo para ello?

¿Reconozco mis errores con sencillez?

Si poseo talentos o cualidades sobresalientes en algún campo, ¿los utilizo con sencillez, evitando la ostentación y la presunción?

¿Rechazo la idea de que «todo el mundo me está observando»?

$$\textcircled{25}$$

La apertura

Una ayuda extraordinaria

Cuestión de sensatez

La apertura a los demás es un acto de humildad, al reconocer que solos no podemos ir muy lejos. Y es también un acto de sensatez. No hace falta una mente muy aguda para descubrir que la humanidad subsiste gracias a una fina red de relaciones tejida a base de necesidades mutuas.

Empecemos por decir que *necesitamos de Dios*. Somos obra de sus manos y soplo de su espíritu, para decirlo con el libro del Génesis.[24] Sin el acto creador de Dios, no existiríamos. Y ese acto divino —de puro amor, por cierto— sostiene y abraza nuestro ser en cada instante. La humanidad —siempre adolescente al fin— ha pretendido muchas veces zafarse de esta «dependencia radical» de Dios. Pero cuanto más la ha negado, tanto más desnuda e incomprendida se ha sentido. Es lo que el gran teólogo francés Henri De Lubac describió en un libro de título muy sugestivo: *El drama del humanismo ateo.*

Las expresiones populares «si Dios quiere…», «Dios mediante…», «primero Dios…» esconden un gran realismo y, en el fondo,
una gran humildad. Expresan la convicción de que estamos más en
las manos de Dios que en las nuestras. Abrirnos a Dios supone
acudir a Él en todo momento, en lo grande y en lo pequeño. Solo Él
tiene la «visión completa» de nuestra vida; más aún, solo Él conoce
el proyecto que justifica nuestra existencia. ¿Cómo no pedirle indi-
caciones para nuestra ruta? Hasta en las pequeñas decisiones de todos los días se nota quién está «conectado» con Dios y quién no.

Conozco a un joven cantautor, de talento extraordinario, que
antes de sentarse a componer busca el silencio y la oración para
inspirarse y motivarse. Bien sabe que no hay «musa» más inspira-
dora que Dios mismo, Señor y Autor de la auténtica belleza. Y no
es que escriba canciones religiosas; pero todo lo que compone lleva de algún modo el sello de esa inspiración venida de lo alto.

¿Por qué la familia?

En segundo lugar, necesitamos de los demás, empezando por nuestra
propia *familia*. No es casualidad el hecho de que, entre los mamífe-
ros, el bebé humano sea el que menos puede valerse por sí mismo. Y
esto no es un defecto de la naturaleza; es la prueba, más bien, de que
el ser humano necesita lazos más profundos, estrechos y duraderos
por ser una *persona*; es decir, un «ser relacional». Su «yo», para descubrirse a sí mismo, y hasta para amarse a sí mismo, necesita un «tú»
tan personal como él, con quien interactuar y a quien amar.

«No es bueno que el hombre esté solo»,[25] dijo Dios al inicio de
la creación. Y creó a la mujer, quien se uniría al varón para constituir la primera familia. Esta es —debería ser— el núcleo primario
de interacción interpersonal para el ser humano, y también el más

cálido y acogedor. Por desgracia, muchas familias sufren la intro-
misión subrepticia de distractores que no les permiten integrarse
adecuadamente, como son la prisa, ciertos medios electrónicos y el
exceso de actividades extrafamiliares. Convendría recuperar la esencia del «hogar», el cual, en su origen, era ese espacio en el que los
padres y los hijos se reunían en torno a una verdadera hoguera de
leña para protegerse no solo del frío, sino, sobre todo, del indivi-
dualismo y la soledad.

De niño, siempre gocé el hecho de que en mi casa hubiera alguien más, luces encendidas y rumor humano. Pero también sufrí la
tristeza de quedarme solo algunas veces, como en un nido abandonado. Recuerdo en particular cierta ocasión en la que salí de la casa
sin permiso para ir a jugar con un vecino. Un par de horas más tarde,
al volver no encontré a nadie; solo una notita pegada en el refrigera-
dor: «Kiko», era mi apodo de niño, «nos fuimos al cine con todos tus
hermanos. Papá y mamá». Ha sido uno de mis peores castigos.

....

«No es bueno que el hombre esté solo».
Dios

....

Cómo mantener una familia unida

La *convivencia* familiar nos exige dedicar tiempo, recibir y aportar,
hablar y escuchar, acoger y perdonar, tener detalles, ayudar y repar-
tir muchos abrazos y besos. Sé de un grupo religioso que tiene una
dinámica familiar muy interesante. La llaman *Noche de hogar*. Cada
familia escoge una noche a la semana y nadie toma compromisos
ese día. Llegada la noche, la familia se reúne en la sala, se lee un
fragmento del Evangelio y cada uno lo comenta espontáneamente.

Luego se tiene alguna dinámica de integración que ayude a conocer-se mejor, limar asperezas y reencontrarse en un clima divertido y relajado. Se hace un momento de oración y pasan a la cena, con algún toque especial y un ambiente casi festivo.

Iniciativas como esta pueden cambiar la fisonomía de una familia y darle una unidad casi indestructible. Bien decía un célebre predicador de los años setenta:

«Familia que reza unida, permanece unida».
Patrick Peyton

Un aliado de nuestra humildad

La *amistad* constituye otro espacio de apertura que nos ayuda a vencer la autosuficiencia. Un amigo es alguien en quien podemos confiar, apoyarnos, mirarnos como en un espejo, y compartirle pensamientos y sentimientos muy íntimos. Un amigo es compañero, confidente y consejero, y también un aliado de nuestra humildad. La amistad expresa una particular apertura afectiva. Por eso es capaz de desafiar el tiempo, las contrariedades y hasta las desavenencias momentáneas.

Cuando era estudiante de Medicina solía presumir los conocimientos adquiridos, casi desde adolescente, como paramédico de la Cruz Roja; entre otros, de electrocardiografía. A los 15 años sabía ya interpretar los trazos siguiendo el método rápido del doctor Dale Dubin: frecuencia, ritmo, eje, hipertrofia e infarto. Por fin, llegó el día en que nos enseñarían a colocar los electrodos sobre el pecho del paciente. Y obviamente me anticipé al técnico recitando el orden de la colocación: «Blanco, negro, café, verde, rojo…». Uno de mis mejores amigos me reprendió secamente delante de todos con unas palabras que no me gustaron, pero que, ciertamente, me ayudaron: «Ya sabemos que tú lo sabes "todo"», dijo con ironía. «Ahora déjanos aprender a nosotros».

Las amistades se dan, normalmente, en círculos concéntricos, desde las más íntimas hasta las más distantes. Empecemos por escoger muy bien el círculo más cercano: personas con las que congeniamos y conectamos de manera especial, con quienes hemos compartido quizá años de escuela, o que tal vez hallamos fortuitamente en nuestra vida haciendo un «clic» especial, y que nos han dado prueba de merecer nuestro afecto y confianza. Aún más delicado es escoger un buen confidente: alguien con quien poder compartir nuestras situaciones más delicadas, nuestras dificultades y crisis, quizá algún secreto personal que necesita, además de gran reserva y discreción, consejo, aliento y comprensión.

La «obediencia horizontal»

La amistad nos exige también en ocasiones una virtud nada fácil: la *obediencia*. Esta palabra viene del latín *ob-audire*, y del griego *hyp-akouein*, que significa «escuchar desde abajo». La obediencia es, en sentido estricto, la sumisión a una autoridad superior. Sin embargo, en el caso de la amistad, podríamos hablar de una «obediencia horizontal», que consiste en escuchar y obedecer a quien nos ama, aunque no tenga ninguna autoridad sobre nosotros.

Un hermano y un amigo siempre tienen derecho a entrometerse en nuestra vida sin más pasaporte que el de su amor sincero y preocupado.

De este modo, nos libramos de un peligro frecuente en las crisis o dificultades especiales: el *subjetivismo*. Es decir, el ver las cosas desde nuestro limitado punto de vista y tomar decisiones en forma demasiado unilateral. Quien se fía solo de su propio juicio, se fía de un mal consejero, pues nadie suele ser buen juez en su propia causa. Un amigo tiene ángulos y perspectivas que nosotros no vemos. Los ojos de un buen amigo nos ayudan a ver más y mejor, y nos abren una ventana a la *objetividad*.

Contra el capricho momentáneo

Al escuchar a nuestros amigos nos libramos más fácilmente de la fuerza del *capricho momentáneo*. Es bien conocido el pasaje en el que Odiseo, el célebre personaje de Homero, para no sucumbir al canto de las sirenas, les pidió a sus marineros que lo ataran al mástil de su embarcación. Así lo hicieron. Gracias a esa medida un tanto drástica, Odiseo pudo resistir la tentación de arrojarse al mar, seducido por el canto de las sirenas, y nadar hacia sus temibles garras. También nuestros buenos amigos tienen que «atarnos» algunas veces para que no cedamos al peligro.

La apertura a prueba

¿Pienso con frecuencia que estoy más en las manos de Dios que en las mías?

¿Le pido habitualmente a Dios luz, consejo y fortaleza?

¿Valoro el aprendizaje que recibo de mi familia? ¿Gozo el tiempo que convivo con ella?

¿Soy humilde y me dejo aconsejar por los demás?

¿Escojo bien a mis amigos? ¿Permito que me digan «mis verdades»?

¿Aprecio el trabajo en equipo?

26

La tolerancia

Cómo desinflamar el ego

Dejar de lado nuestro ego

Entre las virtudes que más ayudan a la convivencia humana, destaca de manera especial la tolerancia. Esta no consiste en una mera resignación ante el hecho de que los demás son como son; es más bien la actitud interior por la cual «dejo mi ego de lado» para aceptar a los demás como son y ajustar mis expectativas a esa realidad.

> La tolerancia es aceptar a los demás como son y ajustar mi expectativa a esa realidad.

Como vimos en la primera parte, nuestro ego, cuando está inflamado, se vuelve susceptible, hipersensible; todo lo lastima y ofende. Pero en cuanto se nos desinflama, sentimos alivio, calma y una mayor tolerancia a las ofensas.

Dejar nuestro ego de lado para dejar de sufrir puede parecer absurdo; algo así como quitarnos la piel para dejar de sentir frío.

Pero es lo que nuestro ego necesita: que no le hagamos mucho caso. Así «engrosamos» la piel y nos hacemos más resistentes ante los embates de la vida.

El arte de olvidar

El primer medio para desinflamar nuestro ego es aprender a *olvidar*. El psiquiatra español Enrique Rojas suele decir que para un matrimonio feliz hace falta «buena salud y mala memoria». Muchos nos atormentamos durante años recordando una y otra vez algún daño sufrido —real o imaginario—. Quizá sea una forma masoquista de resucitar nuestro pasado y perpetuar el daño; al relamernos las heridas, retrasamos su cicatrización.

Es verdad, hay heridas que no podemos simplemente ignorar o sepultar en el olvido; eso también nos haría daño. Conviene sufrirlas y llorarlas para poderlas sanar. Pero algo muy diferente es entretenernos demasiado en ellas hasta hallarle «sabor» a la pus que emanan.

Para olvidar necesitamos aprender a manejar mejor nuestros pensamientos, desarrollando una capacidad de *concentración selectiva* en cualquier ocupación productiva, como puede ser un rato de oración, una lectura, una tarea doméstica o profesional, la atención a los demás, etc. Con un poco de disciplina mental podemos también mejorar nuestra habilidad para evocar buenos recuerdos, disfrutar todo lo positivo de nuestro presente y anticipar en lo posible la ventura que el futuro puede depararnos.

Es cierto que algunas veces nuestros pensamientos negativos son muy persistentes, incluso obsesivos. Yo los comparo con esas moscas latosas que, cuando se avecina la lluvia, nos dan vueltas y vueltas por la cabeza. Lo mejor es no hacerles caso. Lo mismo vale para nuestros pensamientos obsesivos: no intentar echarlos fuera, pues sería contraproducente, sino dejarlos en paz; que ronden todo lo que quieran, que seguiremos en lo nuestro, en lo que estamos haciendo, y poco a poco irán perdiendo fuerza y diluyéndose entre nuestros quehaceres.

El beneficio de la duda

Vimos también que la susceptibilidad gusta de «atar cabos» con excesiva ligereza y prejuzgar el proceder de los demás, anticipando oscuras conclusiones que no son más que el fruto de nuestra sensibilidad herida. El remedio para esto es la *objetividad*, empezando por no apresurar ningún juicio ni hacer conjeturas, ni suponer nada que no nos conste. Mucho menos podemos darnos licencia para entrar en el impenetrable mundo de las intenciones ajenas. Deberíamos fiarnos solo de la evidencia y, mientras no conste lo contrario, otorgar a los demás el beneficio de la duda atribuyéndoles *la mejor intención posible*. Deberíamos preferir equivocarnos pensando bien que pensando mal, hasta por nuestra salud mental. Ser objetivos significa ser razonables; rechazar los impulsos ilógicos de la imaginación, que a veces tiende a desbordarse y destruir nuestra paz.

> Mientras no conste lo contrario, *conviene* siempre atribuir a los demás la mejor intención posible.

«No es para tanto»

El universo de las relaciones interpersonales es muy complejo e impredecible. Casi es imposible no lastimar a alguien y que nadie nos lastime. Al menos yo he constatado cómo voy por la vida dejando a mi paso un reguero de personas ofendidas y sentidas, casi siempre sin darme cuenta. Por otra parte, todos somos *víctimas potenciales* de los descuidos de los demás: de sus faltas de atención, de sus indelicadezas, de sus olvidos.

La virtud de la tolerancia nos ayuda a afrontar tales faltas diciéndole a nuestro ego: «No es para tanto», y a volver una y otra vez a la objetividad para corregir cualquier visión distorsionada y moderar nuestras reacciones.

Ajustar expectativas

Para combatir la susceptibilidad hay otro hábito muy sabio: *No esperar nada o esperar muy poco de los demás*. Hace tiempo, una familia nos prestó su casa en Valle de Bravo (un pueblo mágico muy bello en el Estado de México) para pasar un fin de semana de descanso. Mientras examinábamos las habitaciones para acomodarnos, descubrimos un letrero en la pared con las tres reglas básicas de la casa. Entre ellas, destacaba esta: «Siéntase en su casa. Todo está a su disposición. Pero no espere ninguna atención de nadie. Lo que usted quiera tomar, tómelo. Nadie se lo va a ofrecer».

Quizá a veces esperamos demasiado de los demás, y es fácil que nos sintamos defraudados y ofendidos. Si nutrimos la expectativa de ser tratados «como nos merecemos», estaremos siempre a un paso de la desilusión. Si, en cambio, nos hacemos a la idea de que «nada se nos debe», todo lo recibiremos como un regalo, y si no lo recibimos, no será ninguna ofensa.

....

Lo que no se espera, no lastima.

....

Dar sin esperar

La experiencia nos enseña, además, que nuestras heridas más profundas rara vez vienen «de fuera», de la gente que no conocemos. Es nuestro «círculo interno» el que más ofensas nos depara: nuestro cónyuge, nuestros hijos, nuestros hermanos y amigos; quizá, precisamente, porque de ellos esperamos más cariño y atenciones. Tales ofensas, sin embargo, sanan más pronto si prescindimos de nuestros «derechos» y aprendemos a vivir en la actitud de *dar sin esperar nada a cambio*. Cuanto más desinteresado es nuestro corazón, tanto más fuerte se vuelve. Y ante un corazón así, no hay quien se resista.

La tolerancia a prueba

¿Olvido con facilidad cualquier agravio o daño recibido?

Cuando me siento ofendido, ¿me repito a mí mismo una y otra vez: «No es para tanto»?

¿Pienso que nada se me debe, y por eso todo lo recibo como un regalo?

Cuando reencuentro a alguien que me ha lastimado, ¿dejo mi «yo herido» encerrado en la perrera?

¿Soy objetivo? ¿Evito intuir, suponer, prejuzgar el proceder de los demás?

¿Creo en todo el bien que escucho y no creo sino en el mal que veo?

¿Vivo para los demás, sin esperar nada a cambio?

27

La autenticidad

Cómo construir nuestro «verdadero yo»

Un largo aprendizaje social

Socializar es un fenómeno propiamente humano. Los animales forman manadas, cardúmenes, colmenas, no sociedades; solo el ser humano es social. Ahora bien, para socializar necesitamos amoldarnos a las costumbres, las tradiciones y los códigos de conducta del contexto cultural en el que vivimos. Y esto no es en sí algo malo. No se trata de cancelar nuestra individualidad, sino de contribuir a formar un tejido social que, en su conjunto, sea un espacio mejor para vivir.

Tal vez no todo sea loable en los usos y costumbres de nuestra sociedad; de hecho, ha incorporado antivalores que no podemos aceptar. Pero oponernos sistemáticamente a todo puede ser una necedad. No deja de sorprender el hecho de que ciertas corrientes *contraculturales* se han levantado en las últimas décadas propugnando una sociedad *amoral* —sin reglas morales—. Tales corrientes suelen rechazar valores fundamentales de nuestra sociedad que se han consolidado no solo con base en una creencia religiosa, sino también en siglos de aprendizaje social. Tal rebeldía, de índole ideológica, halló una buena síntesis en aquella célebre frase que apareció pintarrajeada sobre un muro de la Universidad de París en la revolución juvenil de mayo de 1968: «¡Prohibido prohibir!».

Cómo evitar las ficciones

Ahora bien, la rebeldía a la que nos referimos en este libro tiene que ver más bien con un desmedido afán de singularidad, recurriendo a lo que sea para parecer diferentes, originales. El antídoto contra tal comportamiento, por paradójico que sea, es la *autenticidad*. Es decir, el actuar por convicción personal y no por presión social.

En el fondo, la rebeldía representa una postura inauténtica, porque nos lleva a actuar en función del comportamiento de los demás. Si la mayoría escoge *a*, nosotros escogemos *b*, y si la mayoría escogiera *b*, escogeríamos *a*, entrando así en una dinámica de farsa, en un juego de posturas ficticias que no se fundan en convicciones personales, sino en la mera oposición a la mayoría. Cuando somos auténticos, no tememos amoldarnos a la sociedad en todo aquello en lo que coincidimos y solo nos oponemos a ella cuando contraría nuestros valores más irrenunciables.

La autenticidad nos da la flexibilidad necesaria para adaptarnos a la gente, los tiempos y las circunstancias.

Un modelo de autenticidad

Los cristianos tenemos un excelente ejemplo en Jesucristo. Él fue el primero en amoldarse a nuestro mundo cuando, como dice san Pablo, «se despojó de sí mismo [...] *haciéndose semejante a los hombres y apareciendo en su porte como hombre*».[26] Viniendo —como venía— de la gloria celestial, difícilmente podríamos pensar en alguien más extraño a nuestro mundo que él. Pero Jesús se amoldó a la cultura judía de su tiempo: aprendió su lengua, sus modales, sus tradiciones, sus ritos, y durante muchos años fue «uno más» del pueblo, hasta que llegó el momento de mostrar la originalidad de su persona y la novedad de su mensaje.

«Ponerse la camiseta»

En la esfera de la vida cotidiana, la autenticidad nos sugiere evitar las excentricidades, pasar desapercibidos, prescindir en lo posible de las confrontaciones, sumar en lugar de restar, unir en vez de dividir, «ponernos la camiseta» sin complejos para participar con los demás.

La autenticidad nos da la *flexibilidad* necesaria para adaptarnos a la gente, los tiempos y las circunstancias. Al conversar, nuestra primera respuesta a la opinión ajena generalmente es un «tienes razón...», aunque después tengamos que matizar nuestras palabras.

Valentía y madurez

En otro sentido, la autenticidad es sinónimo de *valentía* para expresar nuestros puntos de vista, aunque sean opuestos a los de la mayoría, evitando el «complejo de camaleón», que cambia de color según el grupo en el que está. Al ser auténticos, nos permitimos proponer con sencillez y convicción nuestras opiniones e incluso nuestros reclamos, cuando consideramos que son justificados. La autenticidad constituye así un presupuesto básico de la comunicación humana.

La autenticidad nos da *madurez* para aceptar nuestro «yo» y nuestras circunstancias, para asumir nuestra responsabilidad en la construcción de una sociedad en la que todos nos necesitamos y para darnos cuenta de que, en definitiva, no somos tan diferentes.

El gran dilema

La autenticidad nos permite ver en la sociedad un escenario abierto, en el que desfilan cotidianamente innumerables estilos, propuestas y valores, tal vez ajenos a los nuestros, y nos predispone a aprender de él y a enriquecerlo.

Si la rebeldía es factor de división, la autenticidad es factor de unidad. Quizá el mayor dilema del mundo contemporáneo se halla precisamente entre dos posturas inauténticas: por una parte, la polarización cultural, étnica o religiosa, y por otra, una equivocada globalización que tiende a homogeneizarlo todo. Tal vez la virtud de la autenticidad sea la piedra de toque —en términos de solidez y flexibilidad— para resolver esta disyuntiva y hacer del mundo lo que tendría que ser: una verdadera familia de naciones.

....

**La autenticidad nos permite ver
en la sociedad un escenario abierto, y nos
predispone a aprender de él y a enriquecerlo.**

....

La autenticidad a prueba

¿Suelo pasar inadvertido por la sencillez y naturalidad de mis actitudes y modales?

¿Suelo aplicar el refrán: «Adonde quiera que fueres haz lo que vieres, si bueno fuere»?

¿Actúo en función de mis valores y convicciones, y no para singularizarme o llamar la atención?

¿He aprendido el arte de dialogar? ¿Normalmente escucho el doble de lo que hablo?

¿Me «pongo la camiseta» siempre que se trata de apoyar alguna buena causa?

¿Soy auténtico en toda circunstancia? ¿O soy un «camaleón» que se comporta dependiendo de con quién esté?

¿Me considero una persona abierta y respetuosa de los principios y valores de los demás?

28

El programa de vida

Manos a la obra

¿Para qué tanto sufrir?

Tras recorrer los principales vicios y virtudes, es el momento de sacar un resultado práctico y eficaz aplicable a nuestra realidad: el programa de vida. Ya hemos hecho, por así decirlo, un diagnóstico de nuestro vicio o defecto dominante. Hemos intuido, o al menos analizado, cuál es el vicio más presente en nuestra vida, nuestro «talón de Aquiles». Ojalá también podamos ver de qué manera ese vicio merma nuestra vida, nuestros frutos, quizá nuestra felicidad; cómo nos lastima y lastima a los demás; cómo nos impide llevar una vida más diáfana y fluida, más sencilla y alegre, más flexible y resistente, con más sentido y dirección hacia un destino final.

Hacer algo al respecto

Si nuestro vicio o defecto dominante nos causa tantos estragos, es evidente que debemos hacer algo al respecto. Ese es el objetivo de nuestro programa de vida: *hacer algo al respecto*; es decir, establecer objetivos muy prácticos para limitar el daño y forjar una personalidad más virtuosa y madura a partir, precisamente, de nuestra lucha contra tal defecto.

En esto de hacer programas, todos tenemos alguna experiencia. ¿Quién no ha diseñado un plan de trabajo, de estudio, de ejercicio físico, quizá de diversión? Se trata ahora de aplicar nuestra experiencia al ámbito más decisivo y delicado que podemos concebir: el de «mejorarnos a nosotros mismos». Partiremos de nuestra realidad —y ya vimos qué importante es eso— tal como somos, sin máscaras ni maquillaje. Y, a partir de ahí, definiremos nuestras metas buscando aquella virtud que más necesitamos, que no es otra que la opuesta a nuestro defecto o vicio dominante.

Un esquema útil

Nuestro programa de vida cristalizará, por así decirlo, la tensión entre «lo que somos» y «lo que deberíamos ser», en un esfuerzo muy concreto por desarrollar los hábitos morales que más necesitamos.

Diseña tu programa de vida.

Existen varios modelos o esquemas básicos para diseñar un programa de vida. Yo ofrezco uno que, en mi experiencia, suele dar buen resultado. Consta de cinco apartados:

1. Un ideal
2. Un lema
3. Los obstáculos
4. Los medios generales
5. Los objetivos específicos

Alguien a quién mirar

Como *ideal* o modelo de nuestro programa, escogeremos a una persona que admiramos, cuyo ejemplo puede servirnos como fuente de inspiración, sobre todo por haber vivido, quizá de modo sobresaliente, aquella virtud que más necesitamos. Todos tenemos personas a las que admiramos: quizá nuestros padres, algún maestro o mentor, o un líder religioso, social, intelectual o artístico. Cada uno escoge a quién mirar como «encarnación» de la virtud que está buscando. Quien necesite, por ejemplo, ser más humilde puede inspirarse, si es cristiano, en *Jesús, manso y humilde de corazón*. De hecho, Jesús es el modelo más acabado de todas las virtudes y podríamos tomarlo como Ideal en nuestro programa de vida, pero añadiéndole, a modo de «apellido», la virtud que vemos especialmente reflejada en Él: «Jesús, pobre y austero», «Jesús auténtico», «Jesús generoso con todos», «Jesús trabajador», etcétera.

«¡Órale, échale ganas!»

El *lema* de nuestro programa es como un eslogan, una frase breve y motivadora que tiene el doble fin de recordarnos nuestro objetivo y alentarnos a vivirlo. Lo mejor es que cada uno escriba el suyo, buscando que sea realmente motivador. Algunos ejemplos pueden ser:

- «¡Ánimo, levántate!».
- «¡No te rindas!».
- «¡Quiero liberarme!».

También pueden ser breves oraciones o jaculatorias, como: «¡Jesús, haz mi corazón como el tuyo!».

El enemigo en pedacitos

El obstáculo es nuestro vicio o defecto dominante, pero esta vez conviene que escribamos también sus dos o tres manifestaciones más concretas. Así, por ejemplo, en lugar de solo escribir el obstáculo de la «pereza» habría que añadir en qué o de qué manera somos perezosos. Por ejemplo:

- «Nunca me levanto a la primera».
- «Pierdo demasiado tiempo con programas frívolos en la televisión o en internet».
- «Dejo las tareas más trabajosas para después».

Si, en cambio, nuestro defecto dominante es el orgullo, habría que especificar de qué manera se manifiesta nuestro orgullo. Por ejemplo:

- «Soy impaciente con mi esposo».
- «Soy dura con mis empleados».
- «Con frecuencia critico internamente a los demás».

Nada mejor que tener el enemigo a la vista, y eso es lo que logramos al desglosar nuestro vicio o defecto dominante en sus manifestaciones concretas. Estas serán, además, la base para definir nuestros objetivos específicos más adelante.

Más que vigilar, vigilarnos

Los *medios generales* son aquellos que nos ayudan en la búsqueda de cualquier virtud. En el Evangelio, Jesucristo señala dos grandes medios en particular: *la vigilancia* y *la oración*.[27]

Ya hemos hablado de la vigilancia al tratar, en particular, el tema de la castidad, pero es igualmente necesaria para las demás virtudes. Así, por ejemplo, nos conviene vigilar nuestros pensamientos para ser tolerantes, vigilar nuestras palabras y reacciones para ser mansos, vigilar nuestro afán de posesión para ser generosos, etcétera.

La *vigilancia* no se refiere en específico a una actitud temerosa o defensiva ante un entorno hostil; se trata, más bien, de una postura *atenta a nosotros mismos*, en la línea de lo que Daniel Goleman llama *self-awareness* (que podríamos traducir como «automonitoreo») y que forma parte de nuestra inteligencia emocional. Se trata de *darnos cuenta* de qué estamos pensando o sintiendo, cómo estamos reaccionando, qué actitud estamos asumiendo ante una determinada situación, etc., para actuar de la mejor manera posible.

Una ayuda necesaria

Casi todos reconocemos el valor de *la oración*, independientemente de nuestro credo religioso. Sentimos la necesidad de acudir a un Dios que es fuente de luz, de fortaleza, de serenidad, de consuelo, de esperanza y de inspiración en nuestra vida.

Orar es pedirle a Dios que ponga Él «su parte» —esa ayuda sin la cual, como hemos dicho, no podemos ir muy lejos.

Orar, en relación con nuestro programa de vida, no significa hilvanar una lista interminable de rezos, sino simplemente acudir a Dios para pedirle que nos ayude a afrontar nuestro defecto dominante de la mejor manera posible: a detectarlo, a aceptarlo, a sobrellevarlo sin desalientos, a combatirlo y, a la larga, a vencerlo.

En concreto...

Nuestros *objetivos específicos* no serán otros que las dos o tres actitudes o comportamientos virtuosos que más se oponen a las manifestaciones de nuestro defecto dominante. Para definirlos, basta que tomemos las manifestaciones que ya desglosamos de nuestro defecto dominante y buscar la formulación «en positivo» de la actitud o del comportamiento que es exactamente opuesto a tal manifestación

Siguiendo los dos ejemplos que desarrollamos en el apartado sobre el «obstáculo», nuestros objetivos específicos podrían redactarse así:

En el caso de la pereza

• Me levantaré a la primera, en cuanto suene el despertador.
• Dedicaré más tiempo a entretenimientos productivos o enriquecedores.
• Tendré cada día una agenda bien definida para afrontar mis tareas por orden de importancia, no de comodidad.

En el caso del orgullo

• Seré especialmente paciente con mi pareja.
• Trataré con respeto y cordialidad a mis empleados.
• Procuraré pensar siempre bien de los demás, observando más sus virtudes que sus defectos.

Un programa de vida no tiene por qué ser largo. Su eficacia depende más del acierto que de la cantidad de puntos de trabajo.

La prueba del ácido

Por último, conviene someter nuestro programa a la «prueba del ácido» para saber si está bien hecho. Esta prueba consiste en preguntarnos si nuestros objetivos específicos nos van a costar o no. En caso afirmativo, podemos decir que nuestro programa está bien hecho. Si, en cambio, nuestro programa resulta demasiado fácil o cómodo, deberíamos replantear nuestro diagnóstico para ver si efectivamente estamos trabajando en nuestro defecto dominante.

29

La decena vital

Un clima favorable a la virtud

168 horas

Las virtudes no florecen en seco; requieren un contexto, un clima favorable. Este clima lo aporta una vida balanceada, completa y ordenada. Por eso, a manera de colofón de nuestro ensayo sobre vicios y virtudes, me permito ofrecer una lista de las 10 actividades u ocupaciones que convendría realizar en el marco de una semana para lograr un tenor de vida más favorable a la virtud. Es lo que llamo la *decena vital*.

El rango que tomamos es de una semana porque es suficientemente amplio para dar cabida a todas, pero no demasiado, para facilitarnos el control. La semana tiene, además, un ritmo, una cadencia en la secuencia de sus días, que nos ayuda a mantenernos ubicados en el tiempo.

Cada semana nos regala, por así decirlo, un cheque de 168 horas: es todo nuestro presupuesto para cubrir la decena vital. Conviene aclarar que no se trata de «cumplir» las 10 actividades para dedicarnos después a descansar; la decena vital *incluye* ese descanso, siguiendo el patrón binario de nuestra vida: productividad y recuperación.

Diagrama de la decena vital

Un «combo» vital

Para entendernos con una metáfora, la decena vital es como un «combo» que consta de tres platos fuertes y un postre. Cada plato fuerte incluye, a su vez, tres guarniciones o actividades.

El primer plato es el más elemental y necesario, que podemos llamar de *supervivencia*. Incluye las tres actividades básicas para subsistir: comer, dormir y orar.

Más que solo comida

Comer es nuestra primera actividad de supervivencia. Los nutriólogos y los médicos insisten en que debemos hacer tres comidas diarias (desayuno, comida y cena) y tomar, de ser posible, un pequeño refrigerio o *snack* entre comidas. Además de los nutrientes que nuestro cuerpo necesita para mantenerse sano y funcional, las comidas nos aportan la energía que necesitamos para afrontar las actividades y exigencias de cada día. Las comidas nos ofrecen, además, *pausas* muy importantes en nuestro día, dándole estructura y abriendo espacios para convivir con la familia, los amigos, para tratar temas de negocios, etcétera.

¡A dormir!

La segunda actividad de supervivencia es *dormir*. También en este campo, la ciencia nos alerta cada vez más sobre la importancia de prestar atención a nuestro cuerpo. Hoy se sabe que el mejor modo de reparar el desgaste cotidiano de nuestro organismo, y especialmente de nuestro sistema nervioso, es dormir, y dormir bien.

Un adulto normal necesita dormir entre seis y ocho horas diarias. Durante el sueño se suceden distintas fases, cada una con su propia importancia y finalidad, por lo que será siempre ideal dormir sin interrupciones. También ayuda seguir ciertas medidas de «higiene del sueño», como tomar una cena ligera, concluir con suficiente antelación los trabajos y pendientes más estresantes, evitar el ejercicio físico intenso al anochecer, prescindir de la televisión o el internet en la habitación, y tener una rutina y un horario fijo para acostarse y levantarse.

Quizá a algunos les parezca demasiado utópico seguir estas medidas. Pero bien vale la pena al menos intentarlo. No hay que olvidar, por lo demás, que un buen descanso nocturno no solo es la mejor manera de prepararse para una jornada productiva, sino también para ofrecer nuestra mejor cara a los demás. Los desvelos, además de las ojeras, nos suelen poner de un genio insoportable.

¿Quién necesita a quién?

Hemos mencionado ya varias veces en este libro la importancia de la oración. *Orar* es, en términos muy generales, «hablar con Dios». En sentido amplio, es todo aquello que hacemos para relacionarnos con Él: rezos, celebraciones de culto, meditaciones, lecturas, grupos de oración, retiros espirituales, etcétera.

Evidentemente, cada uno es libre de decidir cuánto tiempo dedica a su relación con Dios. Muchos se limitan a una celebración u oficio religioso a la semana, toman una hora para Dios y dejan las restantes 167 para «todo lo demás». Otros, tal vez más conscientes de que no es Dios quien los necesita a ellos, sino ellos a Dios, además del culto semanal dedican tiempo a la oración personal, a la lectura espiritual, a participar en algún círculo bíblico o grupo de alabanza, etc. Saben por experiencia que la oración es, en definitiva, una fuente de sabiduría, fortaleza, confianza, sentido e inspiración para «todo lo demás».

Orar es «hablar con Dios».

Saber desconectarse

El segundo plato fuerte es el de nuestras *responsabilidades personales*: trabajar o estudiar, hacer ejercicio y leer.

Tanto los que estudian como los que ejercen ya una profesión deben saber que para mantenerse productivos necesitan «desconectarse». Entre siete y nueve horas diarias nos deberían bastar para cumplir con todas nuestras tareas académicas (incluidas las clases) o laborales. Más allá de ese tiempo, comienza un ciclo de desgaste acumulativo que puede provocarnos bajo rendimiento, fatiga crónica y depresión.

Los estudios más recientes enseñan que es mucho más productivo estudiar o trabajar en bloques de tiempo relativamente cortos (de entre una y media y dos horas), seguidos por pausas de descanso de 15 a 20 minutos, que trabajar de manera continua y sin desconectarse, siguiendo un patrón que los expertos han llamado «linearidad».[28]

El mejor psiquiatra

El *ejercicio físico* es la segunda guarnición de nuestro plato de «responsabilidades personales». Conviene empezar por decir que esta actividad no es opcional. Lo exige no solo nuestra salud física, sino también nuestra integridad emocional y moral. «*Mens sana in corpore sano*», reza el adagio latino.

La recomendación ordinaria consiste en hacer media hora diaria de ejercicio físico o su equivalente a la semana, dividido al menos en dos jornadas. Nos referimos a un ejercicio aeróbico y cardiovascular de cierta exigencia, no a unas cuantas «sentadillas». Cada uno deberá evaluar con su médico qué tipo de ejercicio es el que más le conviene, según su edad y condición física.

La medicina deportiva ha comprobado que nuestro cerebro, a partir de los 30 minutos de un ejercicio bien hecho, produce endorfinas, que pasan al torrente sanguíneo. Las endorfinas son moléculas que, al circular por nuestro cuerpo, nos aportan una sensación de bienestar físico y mental. Las endorfinas —entre las que destaca la serotonina— son un remedio inigualable contra el estrés y la ansiedad. Tal vez por eso un buen amigo médico me dijo en cierta ocasión que el ejercicio físico es el mejor psiquiatra —y yo pensé para mis adentros: «Y el mejor exorcista, al ayudarnos a echar fuera nuestros demonios»—. Y es también un buen modo, sobre todo para los adolescentes y jóvenes, de evitar caer en las drogas, el vandalismo, la promiscuidad y otras formas de evasión psicológica o existencial.

Un tesoro de sabiduría

Difícilmente podemos ponderar el valor de la *lectura*. Decía Abraham Lincoln que «el gusto por la lectura nos permite conocer lo que otros ya han descubierto». Y el escritor argentino Jorge Luis Borges se enorgullecía más de lo que había leído que de lo que había escrito.

«La lectura nos permite conocer
lo que otros ya han descubierto».
Abraham Lincoln

Cuando hablamos de lectura, no nos referimos a devorar «literatura chatarra», propia de ciertos cómics y revistas de farándula, sino a una lectura culta y variada, que incluya literatura, historia, ciencias, desarrollo personal, espiritualidad, etc. Deberíamos dedicarle al menos un par de horas a la semana. ¡Hay tanto que leer! Solo por mencionar algunos autores «clásicos» en el ámbito de la literatura, cabe señalar a los antiguos escritores griegos, como Homero y Eurípides; los filósofos medievales, como Agustín, Buenaventura y Tomás de Aquino; los dramaturgos y novelistas del Renacimiento y la Edad Moderna, como William Shakespeare, Miguel de Cervantes, Victor Hugo, Fiódor Dostoyevski y Alessandro Manzoni; los escritores cristianos del siglo xx, como John R. R. Tolkien, Gilbert K. Chesterton, Clive S. Lewis, Georges Bernanos y José Luis Martín Descalzo, y otros grandes literatos españoles y latinoamericanos de talla universal, como Miguel de Unamuno, Azorín, Pío Baroja, Jorge Luis Borges, Pablo Neruda, Octavio Paz, Mario Vargas Llosa, Gabriel García Márquez, etcétera.

La literatura que han producido estos autores con indeclinable esmero y aguda inteligencia a lo largo de los siglos, además de interesante y entretenida, esconde tesoros de sabiduría humana y un vasto arsenal de herramientas para la vida. Recuerdo que uno de nuestros mejores maestros en la Facultad de Medicina, el gran patólogo regiomontano Jesús Guerra Medina, para motivarnos a leer «de todo» solía repetirnos: «El que solo medicina sabe, ni medicina sabe».

Reconstruir el nido

El tercer y último plato fuerte de nuestro «combo» lleva por título «Los demás». Este plato incluye, en primer lugar, a nuestra *familia*: cónyuges, hijos, hermanos, la familia en general. Ya vimos que nuestra familia es el espacio vital más íntimo y decisivo para forjar nuestra personalidad. En ella solemos vivir ricos momentos de conversación, intercambio afectivo, distensión, solución de dificultades y conflictos, intimidad, etc. Es imprescindible invertir tiempo y energía para construir y reconstruir ese «nido» vital.

Además de aprovechar lo mejor posible los limitados momentos que nos permite el trajín cotidiano, deberíamos reservar en lo posible los fines de semana para convivir de manera más amplia y distendida. Salir a comer o a pasear, ir al cine o de compras, o simplemente quedarnos en casa puede ser la oportunidad para «recrear» y robustecer nuestros vínculos familiares.

Los amigos

Nuestra segunda guarnición es la *vida social*. Esta se refiere a nuestros compromisos y actividades sociales, desde acudir a un bautizo, a una boda o a un funeral hasta participar semanalmente en una reunión entre amigos. Dicho sea de paso, estas reuniones de amistad suelen ser bastante favorables al ofrecernos un clima de apertura, distensión, diversión y afecto sincero.

Cuando recibimos más de lo que damos

Finalmente, conviene dedicar también un tiempo a *la comunidad* en la que vivimos. A los recién casados suelo recordarles que su nueva familia está llamada a insertarse en la sociedad y a aportarle algo. Tal aportación se concreta en la ayuda que, individualmente y como familia, prestamos en nuestro entorno comunitario.

En muchos países existe una verdadera cultura de participación en fundaciones filantrópicas, asociaciones asistenciales, voluntariados, etc. Las opciones suelen ser muy variadas y hay «para todos los gustos», como se suele decir, pues por lo general siempre hace falta ayuda para los más necesitados. Que cada uno escoja según sus talentos, inclinaciones y disponibilidad de tiempo. En este caso no se trata de aportar dinero sino, más bien, nuestro tiempo y trabajo.

Bien sabemos que el fruto de este esfuerzo no termina en la comunidad. Muchísimas veces, al acompañar a grupos de familias que visitan zonas marginadas para brindarles diversas formas de apoyo, escucho siempre el mismo comentario conclusivo:

«Recibimos mucho más de lo que dimos».

Al fin, ¡el postre!

Nuestro «combo» semanal no ha terminado. Si hemos consumido las nueve guarniciones de rigor, bien merecemos un postre, es decir, un tiempo para nuestra actividad favorita; esto es, para un *hobby*. Yo lo defino así: un entretenimiento sano, sabroso y enriquecedor. Un buen *hobby* nos despierta ilusión, expectativa y hasta pasión. En el *ranking* de los *hobbies,* destaca en primer lugar tocar un instrumento musical. Tan pronto como superamos las arideces iniciales, el instrumento se vuelve nuestro amigo y un óptimo refugio.

Ahora bien, si la música «no se nos da», podemos probar cualquier arte plástico: pintura, escultura, cerámica o cualquier manualidad. Estos *hobbies* tienen la enorme ventaja de involucrarnos y reconcentrarnos en algo diferente, creativo y gratificante.

Existen, evidentemente, muchos otros posibles *hobbies*, como la cinefilia, la afición a programas deportivos y culturales, los museos, cuidar una pecera, observar las estrellas, coleccionar estampillas o monedas, etc. Lo importante es tener al menos uno y cultivarlo hasta el punto de sentir pasión por él.

Una vida al cien...

La decena vital no es un esquema rígido, ya que con frecuencia surgen imprevistos que nos sacan del programa. Pero es un marco de referencia que busca orientarnos hacia las actividades más importantes en nuestra vida cotidiana. ¡Y las 10 lo son!, a tal grado que el descuido habitual de cualquiera de ellas tarde o temprano suele tener consecuencias negativas en nuestra salud física, emocional, mental o espiritual, así como en nuestra vida matrimonial, familiar, profesional o social.

Si, por el contrario, cumplimos habitualmente nuestra decena vital, experimentaremos la satisfacción de estar viviendo una vida retadora, pero altamente productiva y, al mismo tiempo, bastante relajada.

Decena vital

Actividad	Tiempo semanal sugerido (horas)
Comida	14
Sueño y aseo personal	60
Oración	3 – 5
Trabajo / estudio	40
Deporte	4 – 7
Lectura	2 – 3
Familia	26
Vida social	3 – 5
Servicio comunitario	2 – 3
Hobby	3 – 5
TOTAL	168

Conclusión

Alguien dijo que la vida no es la fiesta que todos quisiéramos, pero mientras estemos aquí no hay más remedio que bailar. Siguiendo esta analogía, este libro es una invitación a detenernos un momento, revisar nuestro estilo y aprender quizá algunos nuevos pasos.

Ya nos conocemos mejor, con más objetividad y, quizá, con mayor madurez, y también nos aceptamos con más serenidad y sencillez. Estamos en el mejor momento para emprender nuestro camino de superación con el programa de vida que acabamos de elaborar. Es posible que, a partir de ahora, nuestra vida tome otro ritmo, más intenso. «Porque vivir es cambiar, y vive mucho quien es capaz de cambiar mucho», decía John Henry Newman.

¿Nuestro principal obstáculo? Resistirnos a cambiar, pues la forja de un nuevo hábito puede hacer crujir nuestra estructura interior, arrancando a nuestro egoísmo —ese viejo empecinado que llevamos dentro— amargas quejas. Pero, si perseveramos en el intento, el cambio se dará y estrenaremos una virtud que todos agradecerán: nuestra familia, nuestros amigos y compañeros, y hasta nuestro corazón, que vivirá con más paz.

El tiempo pasa. El salmista oraba: «Enséñame, Señor, a calcular mis días para adquirir un corazón sensato».[29] Urge poner manos a la obra. Ojalá que percibamos cada día como una nueva oportunidad para fraguar el cambio, sin olvidar que la gran batalla moral entre la virtud y el vicio puede librarse en la fugacidad de un pensamiento, un deseo o una acción de aparente intrascendencia.

Ahora bien, por más firme que sea nuestra decisión de mejorar, es muy posible que caigamos en nuevas derrotas. Pero no olvidemos que la clave para vencer está en *volver a empezar*. Una vez leí una reflexión que distinguía entre dos tipos de personas: las que al caer se hacen pedazos y se quedan derribadas, lamentando su infortunio, y las que se levantan, recogen sus pedazos y siguen viviendo.

Para vencer nuestros defectos, madurar y crecer hasta alcanzar nuestra verdadera estatura humana, necesitamos aprender a volver a empezar una y mil veces. Pues con el amasijo de contradicciones que llevamos dentro, volver a empezar no solo es el camino correcto, ¡es el único!

Mientras preparaba una nueva edición de este libro, recibí una mañana por correo electrónico el siguiente mensaje:

Estimado Padre Alejandro:

En Navidad acabé de leer su libro Vicios y virtudes. Inmediatamente adquirí 15 libros más para regalarlos a amigos, familiares y conocidos que creí lo necesitaban. Uno se lo di a mi hermano. No hace mucho le pidió a un empleado que lo esperara en el coche mientras él bajaba al banco. Mientras esperaba, el joven hojeó el libro por curiosidad y, cuando mi hermano regresó, se lo pidió prestado. Esto pasó un viernes. El lunes le devolvió el libro y, hasta ahí, todo normal. Días después llamó a la oficina la esposa del empleado preguntándole a mi hermano si había notado algún cambio en él. La verdad era que no. Sin embargo, ella añadió que habían estado a un paso del divorcio, pero que ese fin de semana llevó a casa un libro y estaba muy cambiado, por lo que decidieron darse otra oportunidad.

Martha

Espero que esta no sea una historia aislada, y que también la tuya sea una historia de cambios y nuevas oportunidades. Es mi mejor deseo.

Notas

1. *Jer* 17, 9.
2. *Jb* 7, 1.
3. *Mt* 10, 39.
4. Entrevista a Carlos Orozco, director general de Henkel México. Revista *Expansión*, 3 de agosto de 2009.
5. Cf. *Mt* 25, 24-30.
6. Cf. Juan Pablo II, *Carta encíclica Redemptor hominis*, 2 de marzo de 1979, núm. 10.
7. 2 *Sam* 12, 7.
8. Cf. *Mt* 13, 24-30.
9. Cf. Santiago Álvarez de Mon, *Desde la adversidad*, Prentice Hall, Madrid, 2008.
10. Boxeador que combate con otro de mayor categoría, para que este pueda entrenarse.
11. *Rm* 7, 22-24.
12. Violín muy fino y costoso.
13. Estudio de la relación entre el ser humano y el mobiliario que utiliza para su mayor beneficio y confort.

14. *Qo* 5, 9.

15. *I Re* 12, 7-11.

16. Cf. *Mt* 18, 3.

17. Enrique Rojas, *Remedios para el desamor*, Planeta, México, p. 187.

18. Tomás de Kempis, *La imitación de Cristo*, libro II, cap. VI.

19. Tomás de Kempis, *La imitación de Cristo*, libro I, cap. XI.

20. *Mt* 26, 41.

21. *1 Cor* 10, 13.

22. *Dt* 8, 3.

23. 27 *Mt* 11, 29.

24. Cf. *Gn* 2, 7.

25. *Gn* 2, 18.

26. *Fil* 2, 7.

27. Cf. *Mt* 26, 41.

28. Cf. Jim Loehr y Tony Schwartz, *The Power of Full Engagement*, Free Press, Nueva York, 2005.

29. *Sal* 39, 5.